稳定币来了

通证一哥 / 著

THE STABLECOIN
HAS ARRIVED

机械工业出版社
CHINA MACHINE PRESS

本书从基本概念、运行机制、底层技术、应用场景、风险防范、时代机遇和未来畅想七个维度，系统阐述了稳定币的相关知识。

第 1 章介绍了稳定币的基本概念、价值、形成背景及发展历程；第 2 章剖析了稳定币如何通过不同模式实现价格稳定；第 3 章讲解了稳定币背后的区块链及智能合约等核心技术原理；第 4 章展示了稳定币在跨境支付、DeFi、供应链金融、元宇宙等领域的广泛应用；第 5 章指出了稳定币可能面临的脱锚及合规风险，并为用户提供了实用的防骗指南；第 6 章揭示了稳定币在金融博弈、产业升级和个人创业方面带来的重大机遇；第 7 章展望了稳定币有望超越货币本身，带领人类社会通往数字未来的宏伟愿景。

全书内容深入浅出、层层递进、图文并茂，既从国家、产业角度宏观分析，也从企业、个人视角微观切入，全面展现了稳定币的过去、现在与未来。通过阅读本书，读者可以系统掌握稳定币的核心知识框架，为即将到来的数字经济新时代打下坚实基础。

本书适合金融科技从业者、互联网与 AI 创业者、Web3 探索者，以及任何对稳定币和数字金融感兴趣的人士阅读。

图书在版编目（CIP）数据

稳定币来了 / 通证一哥著. -- 北京：机械工业出版社，2025.8（2025.12 重印）. -- ISBN 978-7-111-79180-5

Ⅰ.F713.361.3

中国国家版本馆 CIP 数据核字第 2025L0L554 号

机械工业出版社（北京市百万庄大街 22 号　邮政编码 100037）
策划编辑：张淑谦　　　　　　　　　责任编辑：张淑谦
责任校对：张勤思　张雨霏　景　飞　责任印制：刘　媛
北京富资园科技发展有限公司印刷
2025 年 12 月第 1 版第 3 次印刷
165mm×225mm・12.25 印张・217 千字
标准书号：ISBN 978-7-111-79180-5
定价：69.00 元

电话服务　　　　　　　　　网络服务
客服电话：010-88361066　　机　工　官　网：www.cmpbook.com
　　　　　010-88379833　　机　工　官　博：weibo.com/cmp1952
　　　　　010-68326294　　金　书　网：www.golden-book.com
封底无防伪标均为盗版　机工教育服务网：www.cmpedu.com

前言

人类文明的每一次飞跃,都伴随着对价值交换方式的彻底重塑。

从原始部落的物物交换到金属货币,从纸币到信用体系,每一种货币形式的诞生,都深刻改变着人类的社会结构、经济模式和价值体系。如今,在数字技术浪潮席卷全球的背景下,稳定币的兴起,预示着一场前所未有的价值革命即将到来。

稳定币并非简单的数字货币,也不是传统金融世界的延伸,而是一座连接现实与虚拟、现在与未来、人类与智能体的宏伟桥梁。它用区块链技术重新定义了信任,以智能合约改写了协作规则,更以去中心化的逻辑打破了传统的边界和壁垒。

在人类历史上,我们第一次可以看到货币不再由国家主权或中央银行的背书所决定,而由全球化的共识和去中心化的技术所锚定。稳定币不仅仅是一种支付工具,它更是一种全新的社会语言,一种跨越语言、文化与地域障碍的全球共识协议。

想象一下:在元宇宙的虚拟城邦里,来自不同国家的居民用锚定多元法币的稳定币交易数字地产,智能合约自动完成产权交割与税费缴纳,无需中介介入;在去中心化的科研网络中,AI 智能体与人类科学家共同破解基因密码,稳定币按贡献度自动分配研究经费,算力、数据与创意通过链上协议无缝兑换;甚至在更远的未来,当人类文明触及星际边界,稳定币或许会成为地球与地外文明首次建立价值共识的"通用语"……

这并非科幻。今天的稳定币已经展现出这种"跨界穿透力":在阿根廷,它是对抗通胀的"数字方舟";在尼日利亚,它是连接全球贸易的"隐形通道";在 DeFi 世界,它是算法治理的"价值基准"。每一次链上转账,都是对传统金融壁垒的一次微小突破;每一个基于稳定币的智能合约,都是对未来协作模式的一次提前演练。

聚焦当下,无论是美国《GENIUS 法案》的正式落地,还是中国香港地区稳定币监管体系的迅速成型；无论是企业利用稳定币重塑供应链金融，还是个人通过链上身份构建新型社会契约，都清晰地表明，稳定币引领的新时代已经到来，我们每个人都无法回避。

这本书顺应时代而生，带你进入稳定币的新世界。它不仅会详细阐述稳定币的技术原理与实际应用场景，更会引领你洞察这场正在发生的价值革命如何重构全球经济秩序。在书中，我们将看到稳定币如何在企业跨境结算、供应链协作、金融普惠、元宇宙建设乃至智能体经济中发挥决定性的作用。

未来，当稳定币彻底释放其潜能，它将成为连接人类文明与人工智能、现实经济与虚拟世界的价值媒介。稳定币的出现，不仅标志着经济和技术的创新，更象征着一种文明的跃迁。它所打开的，不仅是一扇通往未来的门，更是一条通往数字未来的可信通道。

稳定币来了，你准备好了吗？

通证一哥
2025 年 7 月 27 日

目录

第 1 章

前言

势不可挡：为什么稳定币会迅速崛起

1.1 什么是稳定币？快速搞懂核心概念 ········· 2
   1.1.1 简单了解稳定币 ························ 2
   1.1.2 稳定币解决什么问题 ··················· 8
   1.1.3 主流稳定币介绍 ························ 12

1.2 时代呼唤稳定币的出现 ······················ 16
   1.2.1 大国博弈的必争之地 ··················· 16
   1.2.2 技术革命的发展结果 ··················· 20
   1.2.3 用户需求的集中爆发 ··················· 24

1.3 从无名小卒到"金融明星" ····················· 26
   1.3.1 稳定币的萌芽 ·························· 27
   1.3.2 市场演进与生态扩张 ··················· 31
   1.3.3 行业重大事件 ·························· 34

第 2 章

稳定之谜：它凭什么能够锚住美元

2.1 简单粗暴的法币储备，真那么稳？ ·········· 38
   2.1.1 模式与结构 ····························· 38
   2.1.2 主要项目案例 ·························· 40
   2.1.3 风险与挑战 ····························· 42

2.2 用加密货币超额抵押，靠谱吗？ ············ 44
   2.2.1 超额抵押的安全边界 ··················· 45
   2.2.2 DAI 的运作逻辑 ······················· 46

2.2.3　新兴多抵押协议 ……………………………… 48
2.3　"空穴来风"的造钱实验 ……………………………… 51
　　2.3.1　算法稳定币的原理 ……………………………… 51
　　2.3.2　UST崩盘教训 …………………………………… 53
　　2.3.3　新型部分抵押算法稳定币 ……………………… 55

03 第3章

技术引擎：驱动稳定币的神秘力量

3.1　区块链与智能合约怎么运行 ………………………… 60
　　3.1.1　稳定币的部署环境 ……………………………… 60
　　3.1.2　智能合约运作原理 ……………………………… 63
　　3.1.3　如何更快更便宜 ………………………………… 65
3.2　用技术实现可信保障 …………………………………… 67
　　3.2.1　传统储备托管 …………………………………… 68
　　3.2.2　链上储备证明 …………………………………… 71
　　3.2.3　预言机 …………………………………………… 74
3.3　黑客猖獗，如何建立安全护盾 ………………………… 76
　　3.3.1　智能合约的安全 ………………………………… 77
　　3.3.2　合规追踪与可监管设计 ………………………… 79
　　3.3.3　未来技术趋势 …………………………………… 82

04 第4章

改变世界：链上支付颠覆全球产业

4.1　跨境支付秒到账，企业财务新革命 …………………… 87
　　4.1.1　企业跨境结算 …………………………………… 87
　　4.1.2　远程职业发薪 …………………………………… 91
　　4.1.3　财务透明与审计 ………………………………… 94
4.2　不靠银行也能借钱？DeFi怎么玩 ……………………… 96
　　4.2.1　稳定币借贷 ……………………………………… 96
　　4.2.2　流动性资金池 …………………………………… 98
　　4.2.3　智能财务管理 …………………………………… 101
4.3　供应链、游戏经济与自动支付场景爆发 ……………… 103
　　4.3.1　供应链票据 ……………………………………… 103
　　4.3.2　游戏与虚拟经济 ………………………………… 106
　　4.3.3　Web3自动化支付 ………………………………… 108

05 第5章

不得不防：避风险反欺诈人人有责

5.1 合规监管，建立安全屏障 ········· 112
    5.1.1 全球主要监管动向 ········· 112
    5.1.2 合规账户与报告 ········· 117
    5.1.3 未来监管趋势 ········· 120

5.2 脱锚如何引发连锁崩盘 ········· 122
    5.2.1 脱锚的成因与机制 ········· 123
    5.2.2 典型脱锚事件 ········· 125
    5.2.3 如何降低脱锚风险 ········· 128

5.3 稳定币用户生存手册 ········· 130
    5.3.1 常见诈骗手段 ········· 131
    5.3.2 资金安全习惯 ········· 133
    5.3.3 自我保护与追索 ········· 135

06 第6章

机不可失：金融崛起与新创业机会

6.1 国际金融角力的新战场 ········· 139
    6.1.1 应对美元霸权的新机会 ········· 139
    6.1.2 人民币国际化与区域协作 ········· 143
    6.1.3 法规、金融沙盒与监管创新 ········· 146

6.2 抢占产业数字化新风口 ········· 149
    6.2.1 金融清算体系的数字重构 ········· 149
    6.2.2 产业互联网与链上结算 ········· 151
    6.2.3 大宗商品与能源贸易 ········· 154

6.3 全球创业者的新机会 ········· 157
    6.3.1 全球化自由职业与远程经济 ········· 157
    6.3.2 稳定币与 Web3 创业方向 ········· 159
    6.3.3 新职业与数字身份经济 ········· 162

07 第7章

未来畅想：通往数字未来的可信通道

7.1 建立全球链上经济新秩序 ········· 166
    7.1.1 全球资产链上流转与跨境结算 ········· 166
    7.1.2 元宇宙中的经济基础 ········· 169

7.1.3 稳定币与 AI 协作机制 …………………………………… 171
7.2 链上国家与社会契约重构 …………………………………… 174
7.2.1 全球数字身份与链上国籍 …………………………………… 174
7.2.2 声誉驱动的信用社会 …………………………………… 176
7.2.3 全球去中心化社会保障系统 …………………………………… 179
7.3 超越货币的价值跃迁 …………………………………… 181
7.3.1 价值共识的重塑 …………………………………… 181
7.3.2 数字乌托邦的兴起 …………………………………… 184
7.3.3 人机共识新图景 …………………………………… 185

第1章 势不可挡：为什么稳定币会迅速崛起

"天下大势之所趋，非人力之所能移也。"——《上孝宗皇帝第三书》

本章导图

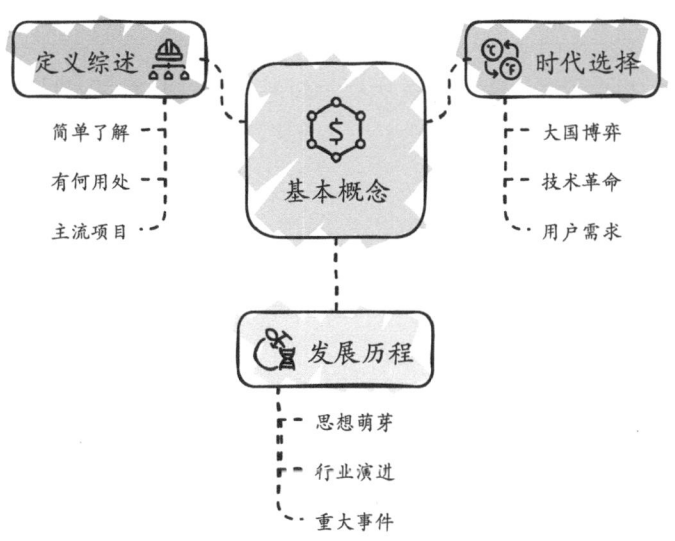

过去十年，区块链一次次刷新我们对"货币"的认知：比特币以其抗审查、无国界的特性，向传统金融体系发起挑战，但价格波动之剧烈，让它难以承担支付和记账的日常职能。与之相对，传统银行体系虽然在稳定性和合规性方面占据优势，却在跨境转账、手续效率和使用门槛上显得"笨重"。

在这两条路径的夹缝中，一种兼具"价格稳定"和"链上高效"的特殊加密货币悄然登场，并迅速成为交易所、跨境商务乃至抗通胀储蓄的共同选择——它就是稳定币！

1.1 什么是稳定币？快速搞懂核心概念

稳定币并不追求大起大落的"涨幅神话"，而是要给数字世界带来一把永不失准的"标尺"。让我们先勾勒稳定币的基本轮廓，再逐层拆开它的结构和功能。

1.1.1 简单了解稳定币

在加密货币的世界里，稳定币是一个看起来不起眼，实则无所不在的角色。它不像比特币那样经常上新闻，也不像NFT（非同质化代币）那样五花八门，但它却支撑了整个Web3行业的发展。最关键的是，它现在开始对传统金融世界也产生着越来越重要的影响。

1. 稳定币概述

进入正文之前，我们先探讨最基本的问题：什么是稳定币？它是怎么诞生的？又为什么会引发如此广泛的关注？下面我们从三个方面展开。

（1）定义与起源

稳定币的英文名称是"Stablecoin"，它是一类以法定货币、商品或一篮子资产为价值锚定物的加密货币（见图1.1），其目标是将链上代币的价格恒定在锚定资产附近。

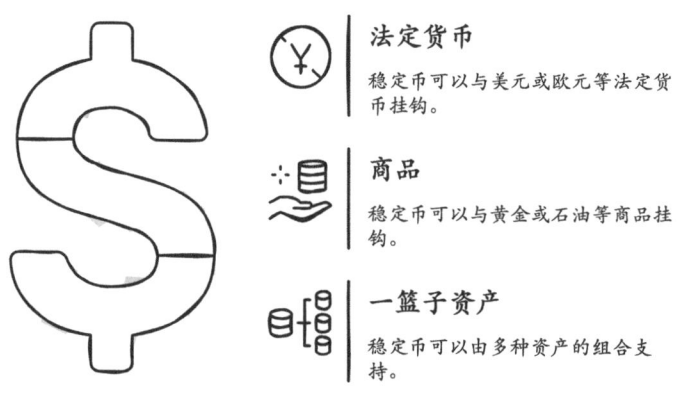

图1.1 稳定币的锚定物

2014年，Tether公司推出稳定币"USDT"，首次提出"1枚代币＝1美元"的足额储备模式。此后，USDC、BUSD等美元储备型稳定币陆续问世，逐渐被主流交易所和用户广泛接受。

到了2017年，Sky Protocol（原名为MakerDAO）推出了去中心化稳定币DAI，引入"超额抵押加密资产"的思路，让稳定币不再依赖银行，而是在区块链上实现"算法自稳"。

近几年，Frax、UXD等"部分抵押+算法调节"的新型稳定币也陆续登场，试图在资本效率和系统安全之间找到平衡。随着这些技术的演化，稳定币逐步成为加密金融生态的"计价单位"和"清算媒介"，其地位愈加关键。

（2）诞生动因

稳定币之所以崛起，不是偶然，而是加密世界与现实需求之间的自然产物。稳定币产生的动因如图1.2所示。

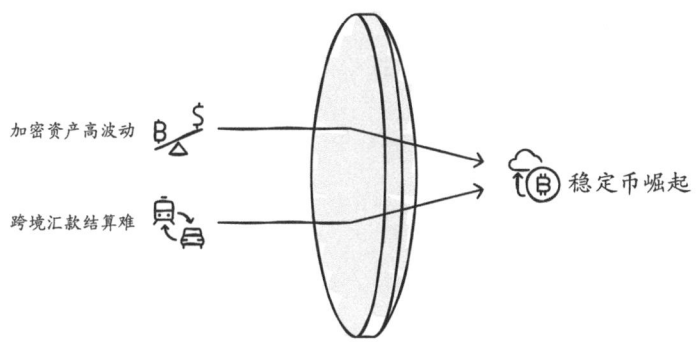

图1.2　稳定币产生的动因

首先，传统加密资产价格波动剧烈。比如，比特币、以太坊等主流加密资产每时每刻都在发生着巨大的波动，这种不稳定性极大限制了它们在日常支付和合同履约中的使用。

其次，跨境汇款和国际结算存在"慢、贵、难"的老问题：银行烦琐手续、3~5天到账周期、高昂手续费使得中小企业和普通用户苦不堪言。

稳定币恰好同时解决了这两方面的问题，它既可以保持价格稳定，又可以实现全球范围内的资金转移，成为"稳"和"快"的完美组合。正是因为这些优势，稳定币迅速成为连接Web2和Web3、传统金融和链上经济的"桥梁货币"。

（3）现实意义

稳定币不只存在于Web3行业，它已经在多个传统金融世界的应用场景中

"上岗",甚至开始改变游戏规则。稳定币的现实意义如图1.3所示。

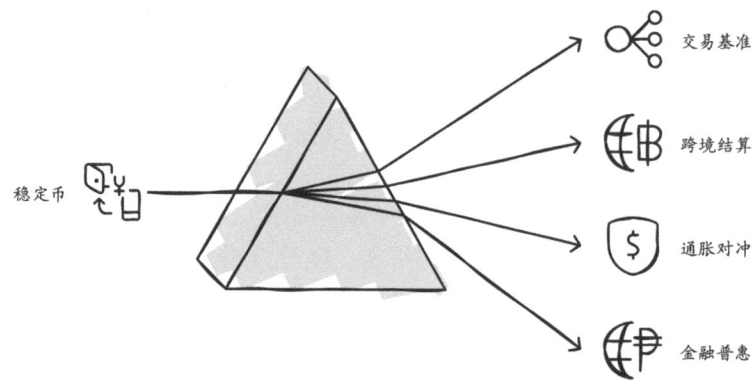

图1.3 稳定币的现实意义

1) 加密交易基准。在主流加密货币交易所中,超过70%的币种交易对都以稳定币计价,这使得稳定币成为市场避险的交易中枢。

2) 跨境结算利器。企业使用稳定币结算出口货款,资金从买家钱包到达卖家账户通常不超10分钟,手续费往往低于1美元,远低于传统银行转账。

3) 通胀对冲工具。在阿根廷、土耳其等高通胀国家,居民通过稳定币将本币兑换为"数字美元",以避免财富缩水。

4) 金融普惠途径。在没有银行账户的地区,用户只需一部手机和一个数字钱包,就能拥有与美元等值的数字资产,从而参与到全球金融网络中。

2. 稳定币的核心特征

稳定币是连接传统金融与链上经济的桥梁,它之所以能做到这一点,靠的就是其一系列与众不同的核心特征(见图1.4)。接下来,我们将从价格锚定、链上发行与价值支撑三个维度,全面剖析稳定币的底层设计逻辑。

(1) 价格锚定

稳定币是稳定的"数字标尺"。在Web3行业,有一个流传甚广的段子:比特币一天一个价,喝杯咖啡都可能"涨"出差价来。正因如此,稳定币的第一个关键特征就是"稳"。

大部分主流稳定币都会锚定一种法定货币,比如最常见的美元。市场上主流的美元稳定币USDT、USDC通常会尽力保持1枚代币=1美元(波动幅度控制在0.5%以内)。如果市场波动过大,发行方会通过调整储备、调动流动性、激励套利等手段将价格拉回锚定水平。

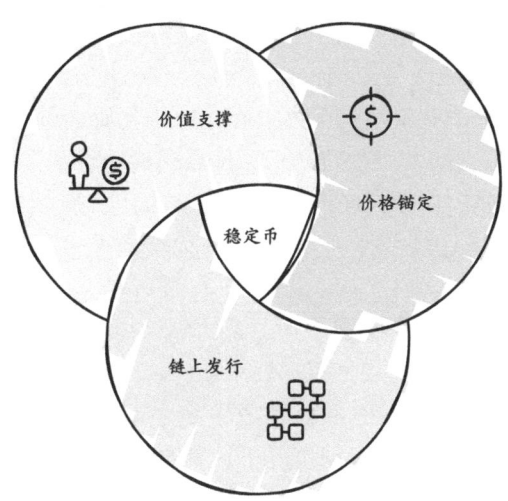

图 1.4　稳定币的核心特征

这种"价格锚定"机制为整个链上经济提供了统一的价值刻度。无论你身处哪个国家，只要用稳定币支付或定价，就默认使用了"数字美元"标准。

当然，也有稳定币选择锚定其他资产，比如锚定黄金（如 PAXG）、锚定欧元（如 EURT），甚至锚定 CPI（如 Frax v3 的通胀调整型模型）。但无论锚定对象是什么，本质都是希望保持价值稳定，不让用户资产缩水。

（2）链上发行

稳定币在链上发行，可谓"出生就在链上"，具有天然的链上属性。相比传统金融系统里的电子货币，链上发行意味着稳定币具有所有加密货币拥有的基本特点：

1）公开透明。绝大多数主流稳定币项目都会提供"链上证明"，你可以随时查看当前市场上的流通数量、储备资产规模以及相关审计报告。

2）全球可达。只要有网络和钱包，无论你在世界上哪个位置，都可以收发稳定币，无需银行作为中介。

3）可编程性。稳定币的智能合约具有极强的可编程性，这为自动化支付、供应链金融、新型金融工具等创造了巨大可能性。

4）生态兼容。稳定币天然适配各类区块链应用，无论是交易所挂单、借贷协议抵押，还是 DAO 财务分账，几乎都离不开稳定币这个"交易媒介"。

（3）价值支撑

稳定币并非凭空印出来的"数字美元"，它的价格之所以能稳定，是因为背后有"靠山"支撑。

常见的支撑方式大致分为三类：

1）法币储备。法币储备稳定币由中心化机构托管美元等资产进行支持，按1∶1的比例发行代币，如USDT、USDC。优点是稳定性强，缺点是中心化严重。

2）加密资产抵押。加密资产抵押稳定币要求用户质押加密资产（如ETH）换取稳定币，通常要求超额抵押（如DAI）。优点是去中心化，缺点是复杂程度高，易受市场波动影响。

3）算法调节。算法调节稳定币通过智能合约调节市场供需维持锚定，如Frax、UXD。这种稳定币的优点是资本效率高，缺点是机制复杂，容易失稳。

这些稳定币背后的"靠山"共同构成了稳定币价格稳定的基础，也决定了其抗风险能力。例如，在极端市场情况下，如果支撑资产贬值或被挤兑，稳定币就可能脱锚，甚至崩盘。

正因如此，如何平衡稳定性、安全性与去中心化，成为稳定币设计中最难的一道"综合题"。

3. 同类资产对比

稳定币究竟特别在哪里？为了更直观地理解它的定位，我们不妨拿它与几类"看起来类似"的资产进行比较，如比特币等传统加密货币、CBDC（央行数字货币），以及我们日常生活中常见的"电子钱包余额"。通过对比，我们能更清楚地看出稳定币的"中间态"特性，以及它在数字金融中的独特优势。

（1）稳定币与比特币

稳定币与比特币相比（见图1.5），谁才是真正可用的"数字货币"？

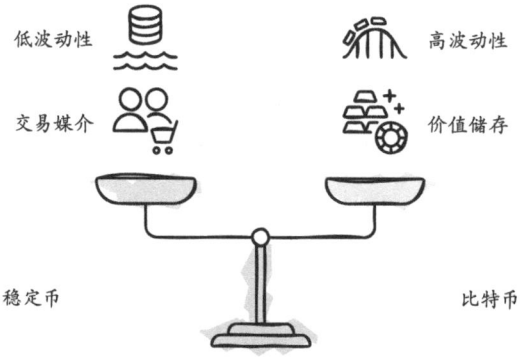

图1.5 稳定币与比特币的对比

比特币作为"数字黄金",具备强烈的资产属性,但难以胜任"货币"角色。假如咖啡店用比特币对一杯咖啡进行计价,那么一杯 5 美元的咖啡可能在半天之内"变"成了 6 美元,或者 4 美元。这种不确定的高波动性使得用户很难用它进行日常支付或价值计量。

稳定币的出现解决了这个问题。它像一把"量尺",在价格上始终紧贴锚定资产(如美元),大多数时候浮动不会超过±0.5%。比如你在 Web3 游戏中用 USDT 购买装备、在交易平台上用 USDC 进行结算,其价格始终如一,不会因为剧烈波动而产生亏损。这种特性让稳定币真正具备了"使用性",而不仅是投资品。

用一句话概括就是:比特币是价值储存工具,稳定币则是交易媒介和支付工具。

(2)稳定币与 CBDC

稳定币与 CBDC 相比(见图 1.6),谁更开放自由?

图 1.6　稳定币与 CBDC 的对比

近年来,全球已有超过百个国家探索推出 CBDC,比如中国的数字人民币(缩写为 e-CNY)、欧洲央行的数字欧元。它们通常也是"锚定法币、基于区块链发行"的数字货币,看起来和稳定币很像,但本质完全不同。

CBDC 由政府主导发行和控制,拥有极强的监管属性和数据掌控力,使用时往往需要实名绑定、合规审查;而稳定币则更多由企业或社区驱动,运行在公开区块链上,强调"用户自持资产、自由转账",对钱包用户没有门槛。

举个例子:你想转账一笔钱给菲律宾的远程设计师,如果用 USDT,只需钱包地址即可;但用 CBDC,可能需要经过银行验证、国家间结算网络,甚至要等待监管审批。稳定币的开放性使其更适合用于跨境支付、数字平台交易等灵活场景。

一句话概括:CBDC 是"国家发行"的数字货币,稳定币是"去中心化"

的全球结算货币。

(3) 稳定币与第三方支付平台余额

稳定币与第三方支付平台余额相比（见图1.7），谁更透明可信？

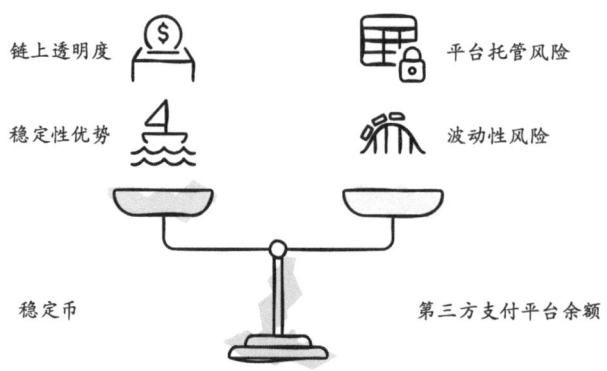

图1.7 稳定币与第三方支付平台余额的对比

许多用户可能会想，支付宝余额、微信钱包里的人民币不也挺方便吗？这类"电子货币"确实早已融入我们的日常生活，但从金融架构上看，它们与稳定币有着千差万别。

第三方支付的电子货币，本质上是平台代为托管的"记账权益"，你并不真正拥有那笔钱，而只是拥有"可以向平台索取"这项权利。一旦平台发生风险，如破产、账户冻结，用户可能面临资产无法追回的风险。

稳定币则运行在链上，天然可验证、不可篡改。无论是法币储备型稳定币（如USDC提供审计报告），还是加密抵押型稳定币（如DAI链上抵押全公开），用户都可以实时查证"我的钱现在在哪里"。这在金融安全、抗审查性方面，具备天然优势。

一句话概括：支付平台余额是"平台账本"，稳定币是真正的"链上资产"。

在这些对比中，稳定币的特点清晰可见：它不像比特币那样"高波动"，不像CBDC那样"强监管"，也不像电子钱包那样"封闭托管"，而是以"稳定""可编程""链上透明"三大特性，成为Web3世界不可或缺的通用货币。

1.1.2 稳定币解决什么问题

稳定币之所以在近几年迅速崛起，并被广泛关注，根本原因在于它切中了一些金融体系长期难以解决的痛点。换句话说，稳定币并不是凭空走红，而是一种"问题导向"的金融创新。总体看，稳定币可以解决跨境支付、交易透明度和资产避险三方面的问题，如图1.8所示。

图1.8　稳定币可解决的问题

1. 降低跨境支付成本

长期以来，跨境支付一直是全球金融服务中最复杂、最昂贵的部分之一。无论是个人汇款、企业结算，还是平台支付，都绕不开高昂的手续费、冗长的流程和多重中介的成本。而稳定币的出现，恰好在这个链条上进行了"降本增效"的革新。

（1）传统支付障碍重重

你是否有过这样的体验：想给海外的朋友或家人转一笔钱，结果中转了三四家银行，不仅手续费高得惊人，而且到账还得等上几天？这并不是个例，而是当前全球跨境支付系统的常态。传统金融体系中，跨境支付通常依赖SWIFT（国际资金清算系统）这类信息网络，银行之间需通过代理行或清算网络进行结算，整个过程复杂、分层，成本自然也居高不下。

有些地区的用户甚至连本地银行账户都难以获得，更别说参与国际金融了。对于这类"金融边缘人"而言，全球支付网络几乎是一个遥不可及的概念。

（2）稳定币带来效率革命

稳定币的出现，正好为解决这些老大难问题提供了一个全新思路。它天然运行在区块链网络上，用户只需一个钱包地址就可以几乎实时、低成本地将资产从一国转移至另一国。无论是发送1美元还是100万美元，手续流程都大致相同，不需要层层中介审批，也不会被各种隐性费用吞噬。

例如，一家尼日利亚的跨境电商企业，过去每次结算都要5%以上的手续费和几天的到账等待。如今，通过USDC或USDT结算，可以在几分钟内完成资金到位，节省大笔成本。这种效率的提升，放在传统体系中几乎是难以想象的。

(3) 创新带来的监管挑战

当然，稳定币并不是凭空"消灭"了银行系统的作用，它只是用一种更"扁平化"的方式重构了价值流动的路径。通过去中心化的区块链网络，用户直接在链上完成转账、结算和验证，绕过了原有的中介体系。

但这种"绕过"也带来了监管层面的敏感性。尤其是在涉及跨境资本流动时，稳定币有时会被视为对传统外汇控制机制的挑战。这也是为什么一些国家的监管机构对其保持警惕——一方面，它确实提升了效率，另一方面，它又可能触及金融主权的问题。

因此，稳定币在降低跨境支付成本方面确实带来了革命性变化，但这项"革命"也必须在合规与协作的框架内逐步推进。

2. 增加交易透明度

在传统金融体系中，交易记录大多封闭于各家银行或结算机构的内部系统之中。账务如何处理、资产是否足额、转账是否成功，外部用户往往一无所知，除非发生争议，否则没人会去细究资金链条背后的流程。这种"黑箱式"的账本机制虽然稳定，但也阻碍了金融信息的透明化与自动化。

而稳定币的兴起，不仅带来了更快的交易速度，更重要的是，它让一切交易"看得见"，把金融活动从"账本密室"搬到了"链上广场"。

(1) 每一笔转账都能被验证

稳定币运行在公链之上，如以太坊、Solana 或 TRON。这意味着每一笔转账、每一次代币铸造与销毁，都会被写入区块链，并向全球公开。这种开放式账本不仅防止了双重支付，还极大增强了用户对平台的信任。

举个例子，一家稳定币发行方宣称它发行了 100 亿枚 USDC，那用户完全可以通过区块浏览器去验证：到底有没有对应的代币流通？有没有超发？这个数据不是"说出来"的，而是"查得出来"的。

相比传统金融机构一年发布一次年报，甚至很多数据无法对公众公开，稳定币的"实时可验证性"可谓降维打击。

(2) 稳定币推动合规自动化

除了可验证性，稳定币还可以配合智能合约与监管模块，实现"可编程合规"。比如某笔资金只能用于指定用途（如政府补贴），或必须经过身份认证，这都可以通过链上规则直接执行，无需人工干预。

这意味着稳定币有潜力成为"合规内嵌"的数字金融工具——规则写入代码，合规内嵌系统既防止了人为作弊，又减少了审计成本。

此外，稳定币的链上记录还为监管机构提供了新的审计方式。例如，Circle公司会配合美国审计机构提供 USDC 储备报告，同时用户也可以自行验证链上流通量与储备披露是否一致。这种"双轨合规"方式，正在成为新一代金融产品的设计标准。

（3）为机构参与提供信心

链上透明的账本机制不仅对个人用户有吸引力，也为机构玩家提供了信心保障。无论是加密交易所、DeFi（去中心化金融）协议，还是金融科技初创公司，稳定币的链上清算能力让它们能够在一个"公开、可查、可监管"的环境下放心开展业务。

越来越多传统机构开始介入这一领域。例如，Visa 和 Mastercard 已分别开展与稳定币结算相关的试点项目，将链上结算能力纳入其核心支付网络，正是看中了稳定币在记账效率与透明度方面的优势。

当然，链上记账并不意味着"完全无隐私"。在一些场景下，链上信息的过度透明可能带来交易隐私泄露等问题，这也是未来隐私计算、零知识证明等技术需要配合解决的方向。

总之，稳定币让"记账"这件事从一个只能由机构掌握的信息，变成了全社会可查可用的公共工具。这不仅提高了交易效率，也为金融治理方式的升级打开了全新可能。

3. 提供资产避险工具

在加密资产世界中，价格剧烈波动几乎是常态。相对于传统金融市场，比特币、以太坊等主流资产每日涨跌幅非常巨大，更不用说那些波动更大的新兴资产。在这样的市场中，稳定币为用户提供了一种重要的价值"避风港"，帮助他们在市场不确定时期稳住脚步、规避风险。

（1）在动荡市场中保值避险

当市场下跌、行情震荡时，用户往往希望退出"波动"，但又不想将资金完全转回法币账户，稳定币便成了最理想的中间选择。相比其他加密资产，稳定币价格锚定法币，不易受到市场波动影响，能够帮助用户短期锁定资产价值。

例如，当用户察觉市场趋势向下，可能会选择将持有的 ETH 或其他代币转换成 USDC 或 DAI，暂时"停靠"在价值稳定的资产中，以规避短期内的剧烈波动。待市场回稳后，再决定是否重新投入。这种灵活转化机制，已成为专业加密货币交易者日常操作的一部分。

（2）链上协议的稳定支柱

除了个人用户，许多 Web3 项目也将稳定币视为"价值稳定器"。例如，借贷平台通常使用稳定币作为主要借款标的，以降低因抵押资产价格剧烈变动而引发的清算风险。同时，许多项目方在进行金库管理时，也会将一部分资产配置为稳定币，用于支付工资、拨款资助或应对临时开支，从而确保运营的连续性。

在 DeFi 生态中，稳定币的这种"价值锚"功能，已经成为构建金融产品和协议机制的重要基石。

（3）应对现实经济的不稳定

在一些经济环境不稳定、通货膨胀严重的国家和地区，稳定币逐渐演变为普通用户对抗本币贬值的工具。比如在阿根廷、委内瑞拉等高通胀国家，居民常用 USDT、USDC 等稳定币替代本币进行日常储值与交易，以维持购买力。

对于没有银行账户或外汇管制严格的人群，稳定币提供了一种新的避险通道。他们只需要一个数字钱包，就可以绕过本地金融系统，将资金保存在全球通用的"数字美元"中。对这些用户而言，稳定币不仅是技术创新，更是一种解决生存问题的工具。

1.1.3 主流稳定币介绍

稳定币已经从最初的试验品，发展为 Web3 世界最重要的基础设施之一。在众多项目中，三种代表性稳定币构成了当前的主流格局（见图 1.9），它们分别是：市占率领先的 USDT、以合规著称的 USDC，以及去中心化代表 DAI。它们各自的设计理念、运营机制与市场策略，恰好展现出稳定币生态的三种典型路径。

图 1.9 稳定币的主要代表

1. 市场领先者 USDT

在稳定币的世界里，USDT 是一个无法回避的名字。它不仅是历史最悠久的稳定币，也是目前市场份额最大的"霸主"。哪怕你没用过这个稳定币，也很可能已经在某个交易界面见过这个名字。

（1）抢占先机：第一枚"链上美元"

USDT 诞生于 2014 年，由 Tether 公司发行，率先提出"1 枚代币＝1 美元"的足额储备模型。这意味着每一枚 USDT 背后都应该有一美元的资产作为支撑，使其可以被视为"链上美元"。

这项创新解决了比特币等原生加密货币波动剧烈的问题，为整个 Web3 世界引入了一种价格稳定、易于流通的数字货币。在稳定币诞生初期，USDT 是市场上几乎唯一的选择，也是最早为交易所和用户提供"数字避风港"的工具。

（2）绝对领先的生态地位

USDT 的最大优势就是"够用、好用、随处可用"。几乎所有主流的 Web3 应用，如交易所、钱包、借贷协议、跨链桥、支付工具等，都原生支持 USDT。它像是 Web3 世界的"通用货币"，就像美元之于现实金融系统一样。

更重要的是，USDT 并不绑定某一条区块链，而是采取"多链发行"策略。目前，它已在以太坊、TRON、Solana、Avalanche 等多个主流链上发行，形成极高的跨链流通性。

例如，尼日利亚的一家跨境电商可以用 USDT 收款，买家从韩国通过 TRON 网络发送资金，几分钟内便到账，几乎不需中介参与。这种便捷性和成本优势，正是 USDT 能迅速普及的重要原因。

（3）从"黑箱"疑云到逐步透明

USDT 在野蛮生长的同时也面临很多争议。多年来，Tether 公司一直被市场质疑其储备资产的真实构成。一段时间内，其所谓的"等值资产"包括了大量短期债券、商票等非现金资产，这引发了外界对其是否真能"1∶1 兑换美元"的担忧。

为回应这些质疑，Tether 开始发布储备报告，并聘请第三方审计机构进行披露。截至 2024 年，Tether 宣称其超过 80% 的储备为美国短期国债，正在逐步清退风险较高的商票类资产。

尽管合规层面仍存在争议，但 USDT 多次在极端市场波动下维持住了锚定价格，未出现严重脱锚事件。这种抗压能力，也在某种程度上增强了市场对其的信心。

总的来说，USDT 是稳定币家族中的"务实派"代表。它没有最完美的机制设计，却拥有最广泛的使用场景和最强的市场适应力。在 Web3 世界里，USDT 更像是一种工具性的"数字现金"。它的价值不在于理念多先进，而在于用户随时随地都能用得上它。

2. 合规标杆 USDC

相较于市场上体量更大的 USDT，USDC 虽然规模略小，但在合规性、透明度和监管对接方面堪称典范，也因此在主流金融机构和大型企业中获得更高的信任度。

（1）高度透明

USDC 由美国金融科技公司 Circle 发起，并与知名交易所 Coinbase 联合成立 Centre 联盟进行管理。它自诞生之初就主打"合规与透明"，并明确承诺每一枚 USDC 背后都有 1 美元或等值资产的支持，全部托管在受监管的美国银行中。

与 USDT 的"先发行后审计"不同，USDC 每月由独立审计机构出具储备报告，审计结果向全社会公开，并接受 OCC（美国货币监理署）等监管机构的监督。这种高度的透明度，为其赢得了机构级用户的青睐。

例如，Visa 在 2021 年宣布在部分交易中直接使用 USDC 结算，标志着稳定币首次被纳入全球支付巨头的商业系统中，具有里程碑意义。

（2）合规型桥梁

在众多稳定币中，USDC 被视为连接传统金融与 Web3 世界的"合规型桥梁"。它既能与银行账户、信用卡、支付网络进行高效对接，也能直接嵌入 DeFi 协议、NFT 市场和区块链应用中，兼顾两端的合规与技术需求。例如，美国金融科技公司 Stripe 就在其部分服务中引入 USDC 作为结算选项，使平台可以用区块链方式向全球创作者发放收益，而无需依赖传统银行转账。

此外，USDC 也是许多稳定币借贷协议和链上支付方案的首选资产，因为它的价格稳定性、透明度和审计机制更容易获得监管认同和商业信任。这让它在跨境结算、企业支付和稳定收益场景中都具有广泛的落地可能性。

（3）做最大的"正规军"

USDC 的市值虽然仍低于 USDT，但其用户画像与发展路径显示出鲜明的"机构化"趋势。越来越多的基金、银行、跨国企业和政府项目倾向选择 USDC 作为其进入 Web3 的入口。例如，Circle 近年来不断拓展其全球布局，与多国央行、监管机构建立合作关系，同时也推动其"可编程美元"的愿景，试图成为未来数字金融体系中的基础货币单位。

此外，USDC 也频频出现在 CBDC 试点、跨境支付测试，以及 Web3 教育、医疗等应用场景中，逐步向更广泛的社会服务领域渗透。

综上，USDC 的价值不仅仅在于"1 枚 = 1 美元"，更在于它为全球用户提供了一个合规、安全、透明、连接多方的数字资产通道。它不像 USDT 那样追求市场份额，也不像 DAI 那样强调去中心化，而是在"合规中创新"，成为 Web3 世界中的"正规军"。

3. 去中心化代表 DAI

与 USDT、USDC 等由中心化公司发行、管理的稳定币不同，DAI 作为去中心化稳定币的代表，采用完全不同的运行逻辑和信任机制。它不依赖银行储备，而是通过智能合约和加密资产实现自主调节和价值锚定，体现出 Web3 世界"去中心化"的核心精神。

（1）以加密资产为锚

DAI 由 Sky Protocol 协议发行，是一种"抵押生成型"稳定币。用户将 ETH、WBTC 等加密资产存入智能合约中，并以超额抵押的方式生成 DAI。这就像是你在链上抵押房产贷款，但整个流程无需人工审批，全由代码执行。

举个例子，如果你想获得价值 100 美元的 DAI，可能需要抵押 150 美元的 ETH。当 ETH 价格下跌、抵押率不足时，系统会自动清算你的抵押资产，以保障 DAI 不脱锚。这种机制在设计上防止了无底线的超发，同时也让 DAI 的供需调节不依赖人治，而是由智能合约自动完成。

这套模式的核心优势是无需信任某家公司或银行，而是信任透明、可验证的链上代码。这正是 DeFi 赖以生存和发展的基础。

（2）备受推崇的社区自治

与 USDT 和 USDC 由公司主导不同，DAI 的发行与调整完全由 Sky Protocol 社区治理。治理代币 SKY（原名为 MKR）持有者可以对参数调整、资产引入、风险等级等关键决策进行投票。换句话说，DAI 的命运掌握在用户手中。

这种社区治理机制强化了去中心化的正统性，也让 DAI 成为 DeFi 世界的"公共基础设施"。无论是链上借贷、算法基金、链游结算还是 NFT 抵押贷款，DAI 都被广泛使用。

但治理的分散性也带来了效率与共识的矛盾。在一些争议性议题上，如是否引入 USDC、是否限制某些抵押资产，社区常常分歧严重，导致决策周期拉长，影响系统应变能力。

（3）稳定与去中心的两难挑战

虽然 DAI 体现了去中心化的理念，但它并非毫无妥协。例如，随着加密市场的发展，Sky Protocol 逐渐引入了一些中心化资产作为抵押物（如 USDC），这些资产虽然可以提供更高的稳定性，但也让 DAI 的纯"去中心化"成色打了折扣。

此外，DAI 的价格稳定机制也面临挑战。因为加密资产价格波动剧烈，系统必须维持高抵押率和复杂的风险参数，否则一旦出现市场恐慌，就可能引发"死亡螺旋"式的清算潮。

Sky Protocol 为此引入了"稳定费""存款利率""清算惩罚"等调节工具，通过经济激励来稳定系统运行。但这些机制需要社区长期参与治理与优化，对普通用户而言，理解和操作门槛相对较高。

总体来看，DAI 并非完美，但它是目前最接近"去中心化稳定币"理想形态的产品之一。它展现了稳定币的一种可能性：不依赖国家、不依赖公司，仅依靠智能合约、经济激励和社区协作，实现"程序即规则"的稳定价值系统。

1.2 时代呼唤稳定币的出现

稳定币并不是一场单纯的技术革新，而是在全球货币格局、支付体系和用户需求多重因素作用下应运而生的"时代产物"。它的兴起背后，既有大国之间围绕货币主权的战略博弈，也有传统金融基础设施难以满足数字经济需求的瓶颈，更有广大用户对便捷、稳定、开放金融服务的强烈渴望。

1.2.1 大国博弈的必争之地

在这个全球化与去中心化交错发展的时代，稳定币不再只是技术层面的创新产物，更逐步演化为大国金融竞争的重要筹码。它背后承载的不仅是结算效率的提升，还有国家间关于货币、支付体系与金融规则制定权的博弈。

稳定币之所以引发全球政策关注，恰恰是因为它触动了国际政治与金融霸权的敏感神经。无论是货币主权、清算竞争还是金融制衡，稳定币都是大国博弈的必争之地（见图 1.10）。

第 1 章 | 势不可挡：为什么稳定币会迅速崛起 | 17

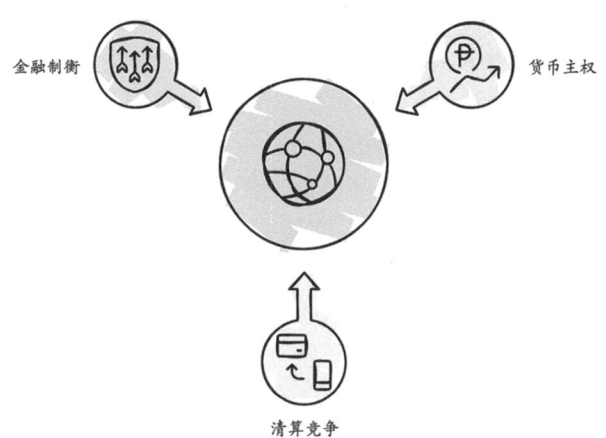

图 1.10　大国争夺稳定币主导地位

1. 货币主权与国际影响力

稳定币表面上是技术产品，实则深深嵌入了国家金融主权的核心议题。它的流通不只是技术扩展，更是货币影响力在全球扩张的另一种形态。围绕"数字美元"展开的竞争，正揭示出传统霸权如何在新时代换上新外衣。

（1）美元霸权的延伸

长期以来，美元不仅是美国的国家货币，更是全球贸易的结算单位、各国央行的储备资产，以及国际借贷的主导货币。这种地位为美国带来了巨大优势，如"铸币税"收入、金融制裁权与资本流动主导力。

在这样的背景下，USDT、USDC等锚定美元的稳定币被广泛用于跨境转账、DeFi抵押、资产交易等场景，实质上进一步扩大了"数字美元"的影响力。哪怕是非美国用户，也在无形中将美元作为数字资产世界的默认货币。这种趋势被一些评论者称为"美元霸权的链上延伸"。

（2）多国加速研发数字货币

面对美元稳定币的迅速扩张，其他国家也开始积极布局自己的"数字货币阵地"。中国很早就启动数字人民币试点，并在跨境支付等方面进行实地测试；欧盟、日本等也相继宣布CBDC研发计划，试图在下一代支付标准中占据主导地位。

虽然这些央行数字货币的技术路径与稳定币不同，但在实际应用中却存在较大重叠，如零售支付、跨境清算、金融普惠等。这些"国家队"加入战场，表明稳定币已经从金融创新问题，上升为金融主权话题。

（3）政策监管逐渐明朗化

在金融主权受到挑战的情况下，政策监管也日益收紧。美国财政部、SEC（美国证券交易委员会）等监管机构对稳定币发行提出更高要求，强调审计、储备透明与反洗钱合规；而欧盟出台的 MiCA（《加密资产市场监管法案》），也试图从法律上划定稳定币的应用边界与运营责任。

这些举措表面是保障金融安全，实则是国家对新型货币工具的主权回收。稳定币能否获得国际认可，越来越取决于其是否纳入现有监管体系，而不是单纯的市场效率或技术优势。

2. 传统清算体系的竞争

当稳定币开始在全球范围内快速传播，它所引发的不只是对货币主权的挑战，更在悄然改写世界金融体系的运行逻辑。尤其是在国际支付与清算领域，稳定币的崛起几乎以"技术降维打击"的方式，直指那些运行了几十年的传统金融"中枢系统"。

这一场冲击，已经从边缘试探演变为正面对抗。

（1）SWIFT 体系的清算霸权

在传统跨境支付中，SWIFT 几乎是不可撼动的中心。它不是银行，却被全世界的银行依赖为"跨境结算的神经中枢"。SWIFT 所提供的信息传输标准，构成了全球支付"谁对谁说话"的基础语言。

需要注意的是，SWIFT 的治理结构长期由欧美国家主导，这使其不只是金融系统的一部分，更是国际政治影响力的工具。

近年来，美国就多次利用 SWIFT 系统进行"金融武器化"，以切断某些国家或实体的国际金融往来。这种技术中立外衣下的"地缘霸权"，让越来越多国家产生了对传统清算体系的戒备。

不仅如此，SWIFT 这套系统非常臃肿、低效且成本高昂。一笔普通的跨境汇款，往往需要经过两三家中介银行、支付不菲费用，还得忍受 3～5 个工作日的到账等待。这种方式非常笨重，对用户极不友好。

（2）稳定币的进击

稳定币的出现，几乎就是对这套体系的"弯道超车"。它不需要中介银行，也不依赖"工作日清算"，更不会受限于西方制定的合规规则。一个智能手机钱包、一个链上地址，就可以完成全球范围内几分钟到账的转账流程，无论金额大小，手续成本几乎恒定。

在这场竞争中，稳定币不再只是"新技术的试验品"，而是成为一部分国家、企业和用户主动选用的"替代路径"。例如，在拉美、非洲等金融体系薄弱的地区，USDT 和 USDC 已广泛用于进口清算、工资发放甚至政府采购。这些曾被传统清算体系"排除在外"的用户，如今通过稳定币重获金融连接权。

这背后实际上是一种制度性的选择：你愿意继续依赖一个西方主导、高门槛、效率低的支付体系，还是选择一个全球开放、高效自主、可以绕过地缘政治干扰的新选项？这种二选一的局面，正在让稳定币与传统清算体系走向"正面冲突"。

（3）两种秩序的磨合与角力

面对挑战，传统金融体系当然不会坐以待毙。一方面，SWIFT 也开始进行自我革新，如试点链上结算方案、与 CBDC 系统对接等；另一方面，稳定币的监管审查正在加强，美国、欧盟等纷纷出台限制政策，试图将其纳入现有秩序。

但真正的问题是：稳定币不是从现有体系"走出来"的，它本身就是一种平行体系，拥有独立的账户结构、结算路径和信任逻辑。这意味着，新旧体系的竞争并不是谁更新得更快，而是谁能争夺更多用户、更多结算量、更多金融"定义权"。

在未来的支付领域，很可能会出现"双轨制"：一轨是监管主导、结构稳健但效率一般的"旧体系"；一轨是技术驱动、高效灵活但尚在治理摸索期的"链上体系"。而谁最终占据主导，很大程度将取决于谁能获得更广泛的信任、适应更复杂的应用场景，并在大国博弈中保持技术与合规的平衡。

3. 制裁避风港与金融制衡

在全球金融体系中，制裁工具早已不只是经济惩罚的手段，更是大国维护国际秩序的"金融武器"。然而，随着稳定币的普及，一种新的力量正在悄然崛起，它既可能成为某些国家和组织规避制裁的通道，也可能倒逼全球金融体系重构更加中立、公正的规则秩序。

（1）美元制裁的"靶向打击"模式

美国拥有全球最强的金融制裁能力，其核心依仗就是美元在全球贸易和清算中的主导地位。只要掌握美元结算网络的核心节点，美国就可以对"目标国家"实施精准打击：冻结资产、限制国际汇款、禁止金融机构提供服务，甚至将对方逐出 SWIFT 系统，几乎等同于"金融封杀"。例如，伊朗、俄罗斯、朝鲜、委内瑞拉等国，均曾因地缘政治原因遭受美国的金融制裁。在此背景下，这些国家的银行、企业乃至普通民众都被限制参与国际支付体系，经济发展与人民生活受到严重影响。

然而，这种制裁也暴露出一个全球治理的难题：金融系统是否应当被某一国家"单边支配"？是否应有中立性与全球协商的原则？

(2) 稳定币的"避风港"属性

稳定币作为一种无需传统银行账户、运行在去中心化网络上的资产工具，在某些特定情境下，确实展现出对传统制裁机制的"绕行"能力。它不依赖SWIFT，不依赖美元清算银行，用户之间可以直接通过链上地址转账，且不受地域和营业时间限制。

例如，在俄乌冲突期间，无论是乌克兰平民寻求援助，还是俄罗斯公民面临资本账户限制，稳定币都成为资金转移的重要手段之一。有报道指出，不少乌克兰用户使用 USDT 或 DAI 收到来自海外的捐助，从而度过银行停摆、现金短缺的紧急时期。

需要强调的是，大多数稳定币仍与美元挂钩，因此并非完全"去美元化"。但在操作层面，它确实为用户提供了不依赖传统金融通道的转账路径，在高压政策环境中成为部分人的"最后选择"。

(3) 金融规则重新平衡

稳定币的这种"中立性"与"灵活性"，正在倒逼全球金融体系重新思考：在多极化趋势加剧的背景下，是否有可能构建一种不依赖单一大国控制的结算网络？是否有必要推动支付与清算基础设施的"去政治化"与"再协商"？

目前，包括 BIS（国际清算银行）、G20（二十国集团）、IMF（国际货币基金组织）等国际组织已开始研究跨境支付的下一代架构，许多倡议都指向一个方向：降低单点控制风险、提升支付多样性、增强合规透明性。

稳定币或许并不是直接挑战现有金融霸权的"对抗者"，而是在实践中提供了一种"平衡方案"：在极端时刻为被排斥者提供救生艇，在平常时期为全球用户提供成本更低、路径更短的金融服务。

归根结底，稳定币的兴起是对现有金融秩序中"不对称控制权"的回应，也是推动全球金融治理走向更加多元、公平、透明的催化剂之一。

1.2.2 技术革命的发展结果

在信息技术浪潮持续演进的当下，稳定币的诞生并非偶然，它是区块链、智能合约与数字资产等多项创新融合的产物。每一次技术革新都在重塑金融运行的逻辑，而稳定币正是在这一过程中脱颖而出的"技术应用代表"。它不是某个行业发展的副产品，而是技术演进催生出的系统性成果。从基础设施的成熟到合规接口的完善，再到底层系统的转型，稳定币正在从技术应用走向系统性变革（见图1.11）。

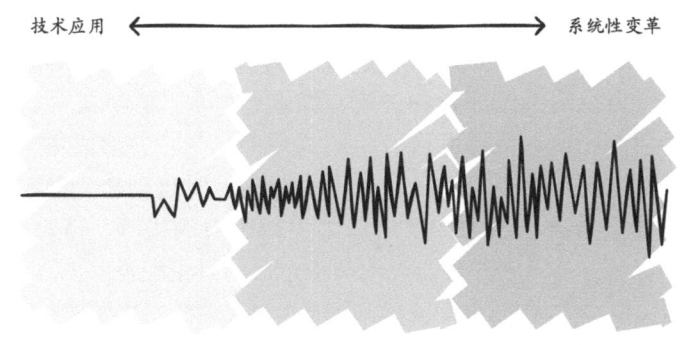

图1.11　稳定币从技术应用走向系统性变革

1. 数字基础设施的成熟落地

稳定币并非空中楼阁，而是建立在数字基础设施日益完善的基础之上。从区块链底层网络到用户侧钱包工具，从合约规范到技术标准，这一套高度模块化的架构，为稳定币的广泛应用和大规模部署提供了坚实支撑。

（1）区块链技术的底层支持

稳定币之所以能够实现全球流通、快速到账和不可篡改的交易，离不开区块链技术的底层支撑。以以太坊为代表的公链系统，为稳定币提供了公开透明的交易账本、可编程的智能合约逻辑和去中心化的网络安全保障。

这些技术特性打破了传统金融必须依赖中心机构清算的结构，使稳定币可以跨越国界和平台自由流通，实现点对点的价值交换。特别是智能合约的广泛应用，不仅提升了稳定币在交易自动化、协议嵌入和风控设置等方面的能力，也为后续的大规模金融产品创新打开了空间。

（2）钱包工具与接口协议的标准化

技术革命不仅发生在链上，更延伸到用户端。过去使用数字资产的门槛高、体验差，是稳定币应用的"第一道坎"。如今，随着移动钱包、浏览器插件钱包、硬件钱包等多种工具的成熟，以及如WalletConnect、Account Abstraction（账户抽象）等接口协议的发展，用户操作体验不断优化，安全性和便利性大大增强。

更重要的是，这些标准化工具为稳定币在更多场景中"无感嵌入"创造了条件。例如，消费者在电商平台结算时，使用稳定币几乎和信用卡一样简单；而在跨境支付、项目众筹或线上打赏等场景中，稳定币的应用也变得顺畅自然。

（3）可编程性带来的场景拓展

稳定币的"可编程性"是其区别于传统电子货币的重要优势。通过智能合约，开发者可以为稳定币添加各种逻辑，如锁仓释放、授权支付、自动清算等功能。这种灵活性让稳定币得以适应不同的业务场景，并形成更丰富的生态系统。例如，某些链上支付协议就会在用户发起支付时自动扣除稳定币并分发给多个地址；在链上借贷平台中，稳定币则可用于自动抵押、清算和利息支付。这些复杂操作背后，都离不开智能合约与稳定币的紧密配合。

2. 稳定币合规接口日益完善

稳定币之所以能从边缘技术走向主流舞台，不仅靠底层技术的进步，还得益于其与监管体系、传统金融基础设施之间逐步打通的"合规接口"。这些接口并非单一标准，而是涵盖身份识别、交易审计、资金监管等多个维度，是稳定币能够合法运行并被广泛采纳的关键"桥梁技术"。

（1）嵌入式合规机制的逐步形成

早期稳定币大多依赖技术优势"先跑起来"，但在应用扩张过程中，不可避免地触碰到了 AML（反洗钱）、KYC（了解你的客户）等传统金融的敏感区域。为应对这些挑战，越来越多稳定币项目开始主动在合约层面或平台接入端内嵌合规模块。

例如，一些合规型稳定币发行方会要求用户通过实名验证，方可进行大额转账或链上赎回；而链上交易审计工具也可对资金流向进行追踪，一旦涉及高风险地址或黑名单地址，系统将自动冻结资金或上报风控机制。这类"合规内置化"策略，使得稳定币在满足去中心化特点的同时，也具备传统金融所需的安全属性。

（2）与法币系统的接驳愈加顺畅

稳定币的真实价值很大程度上依赖其与"现实世界"的连接能力。近年来，多个国家的金融科技平台、支付服务商、银行系统开始试水与稳定币的直接对接。通过 API 接口、支付网关或账户映射机制，稳定币可以被直接用于商品购买、工资发放、企业结算，真正走入日常交易之中。

以 Circle 为例，其推出的"Circle Account"服务允许企业通过传统银行账户直接充值或赎回 USDC，并结合 API 接口进行自动化结算。这种与银行系统的互通能力，不仅让稳定币更接近"数字化现金"的角色，也为其拓展跨境支付、外贸清算、供应链金融等应用场景奠定了基础。

(3) 法规接口推动标准化发展

技术系统的成熟固然重要，但"规则系统"的跟进才是稳定币得以可持续发展的关键。目前，全球多个地区已经开始推动稳定币相关法律的制定与试点。例如，欧盟的 MiCA，以及新加坡、日本等地推出的数字资产许可机制，都是在尝试为稳定币提供清晰可操作的法律身份。

这些监管框架不仅规范了稳定币发行方的行为边界，也推动整个行业朝"有证可查、有法可依"的方向发展。同时，合规接口的标准化也便于不同国家之间进行数据对接与监管互认，为未来的全球稳定币互联互通奠定基础。

正是这种"技术接口"和"法规接口"双轮驱动的发展路径，使得稳定币在跨越监管门槛的同时，依然保持技术创新的活力，最终成为一个被广泛接受与信任的金融工具。

3. 技术驱动的系统性转型

稳定币不仅仅是"发币工具"，更是重塑新一代金融架构的"催化剂"。在技术革命的深层推动下，从账户体系到支付流程，从资产托管到信用逻辑，传统金融的多个核心机制正在被重写，呈现出"技术驱动型"的系统性转型趋势。稳定币正处于这场大变革的中心。

(1) 从账户体系到"钱包范式"

传统金融以"账户"为中心，强调实名开户、银行托管和人工审核；而区块链系统则以"钱包"为单位，强调自主控制、公钥签名和自动执行。稳定币的发展，使得越来越多用户从银行账户迁移到"链上钱包"，这一变化不仅是支付方式的转变，更是金融行为范式的变化。

例如，个人用户在区块链钱包中可以自主接收、发送、储存稳定币，无需通过银行审批或中介托管；而企业用户也可通过智能合约自动完成收支清算和财务结算。这种"钱包范式"逐步构建起去中心化的账户体系，正在挑战传统金融高度集中和分层管理的逻辑。

(2) 资金流通逻辑的重构

在传统金融体系中，资金转账往往要经过多级清算、烦琐的审批与中介成本。而稳定币借助区块链和智能合约，使"清算即结算"成为可能。无论是跨境转账、机构对账，还是供应链中的多方付款，稳定币都能实现实时到账和自动执行，大幅降低时间和成本消耗。

例如，在传统跨境支付中，资金往往需要通过 SWIFT 网络、多家中转银行才能完成到账；而使用稳定币进行支付，用户只需几步操作即可在数分钟内完成全球范围的点对点价值传输。这种底层逻辑的变化，正推动支付行业乃至整个金融体系走向"即时结算"和"无摩擦流通"。

（3）金融服务的"合约化"重塑

在稳定币的推动下，越来越多的金融服务开始"合约化"，也就是将原本依赖人工判断与合同纸质签署的流程，转变为自动化的智能合约逻辑。这不仅提高了效率，也提升了信任机制的标准化和可验证性。

例如，某些去中心化保理平台已经开始使用稳定币完成贸易融资合同的支付与清算，通过预设合约条件控制付款节点；而在小微贷款场景中，借贷双方也可以通过稳定币和合约规则自动管理抵押物、还款进度与违约处罚。这种逻辑在 Web3 世界中正在逐渐普及，传统金融也在尝试吸收和转化这类机制，形成"金融服务即代码"的新范式。

总体来看，稳定币已经从"工具"上升为"架构"，它不仅重塑了支付体系，更推动了账户结构、交易逻辑、金融信任等底层机制的系统性革新。这正是技术革命带来的深远结果，也是稳定币能够持续扩张的根本动力所在。

1.2.3 用户需求的集中爆发

如果说大国博弈和技术演进为稳定币铺设了宏观背景和基础设施，那么真正推动这场变革开始的，是来自全球数以亿计的用户。在这个数字化飞速推进的时代，个人用户、企业机构乃至无银行账户人群，都在寻找一种更高效、更低门槛、更具自主性的金融工具。稳定币正是对这一集中爆发的用户需求（见图 1.12）的正面回应。

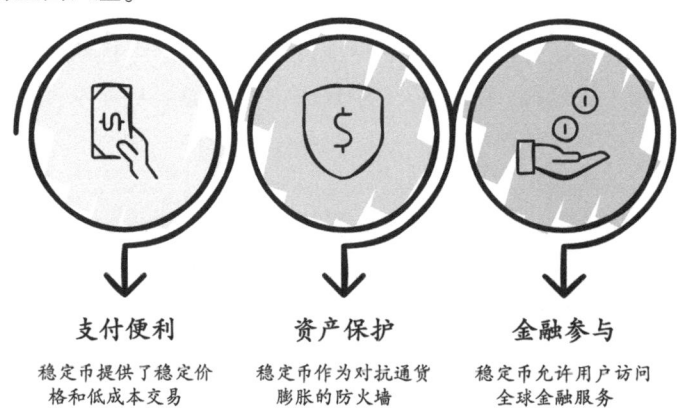

图 1.12　稳定币的用户需求

1. 日常支付中的便利诉求

在全球范围内，尤其是新兴市场国家，传统支付体系面临着多种制约——高昂手续费、烦琐流程、到账延迟、服务覆盖不足等问题广泛存在。相比之下，稳定币以其稳定价格、7×24小时运行、低成本跨境支付等优势，迅速在实际生活中找到用武之地。

（1）跨境劳工的汇款工具

大量在外务工者每月需向家乡汇款，但传统国际汇款成本高、手续繁杂且到账慢。稳定币为他们提供了一个高效的替代方案。例如，在菲律宾、越南等劳工输出大国，一些家庭已开始通过USDT或USDC接收来自海外的收入，几分钟内到账，成本远低于传统银行渠道。

（2）中小商户的低门槛结算方案

对于依赖电商平台的小商户而言，稳定币也是提升收入效率的重要工具。无论是拉美的手工艺店，还是非洲的二手手机商贩，只要拥有一个链上钱包，就能即时接收来自全球客户的付款。无需开户、无需等待银行审核，只需扫码即可完成交易，为他们打开了全新的收入通道。

（3）旅游与数字消费中的场景拓展

稳定币的便捷性也逐步渗透到旅游、在线教育、虚拟商品等消费场景中。越来越多的海外酒店、数字内容平台、游戏平台开始接受稳定币支付，特别是在无法使用信用卡或当地货币不稳定的地区，稳定币反而成为更主流的支付方式。

2. 对抗本币贬值的资产保护需求

在一些通货膨胀严重的国家，居民迫切需要一种能"保值"的资产形式。稳定币的出现，恰好满足了这些人群的避险需求，成为他们与高通胀环境之间的一道"数字防火墙"。

（1）阿根廷、委内瑞拉等国的现象级应用

在阿根廷，由于本币比索长期贬值，民众对美元的需求极为强烈。但受到资本管制，许多居民无法合法购买美元。这时，通过场外交易获得USDT或USDC成了他们"曲线救国"的方式。许多年轻人已将稳定币视为数字时代的"美元账户"。

（2）Web3原生用户的"资金停泊港"

对于活跃在Web3的用户来说，稳定币早已成为一种"避风港"。当市场剧烈波动时，用户通常会将资产转换为稳定币，以规避风险，等待下一个操作机会。虽然这类用户更偏技术型，但他们的行为模式也反映出一种底层的资产安全需求——希望手中资产保持数值稳定,不至于被高波动侵蚀。

(3) 中产群体的"数字美元账户"

即使在经济相对稳定的国家,越来越多的中产用户也开始主动使用稳定币来管理自己的全球支付和储值需求。例如,跨国自由职业者、远程员工、跨境教育家庭都在通过稳定币管理收入、支付学费、转账生活费,这些行为正在悄然改变传统银行对国际支付的垄断格局。

3. 对开放金融的主动参与愿望

稳定币不仅是支付工具,更是一种"参与门票"。它让普通人能够接触、使用乃至创建新的金融服务,而这些在传统金融体系中是极其困难的。稳定币背后的开放性,释放了用户参与全球金融网络的巨大潜力。

(1) 普通用户首次掌握"资金主权"

在传统银行体系中,账户可能被冻结、交易可能被拒绝,而稳定币钱包则完全由用户自己掌控。无论身份、国籍、信用记录如何,只要拥有一个私钥,就拥有一个资金自主账户。这种"技术赋权"让用户在心理上获得了前所未有的金融自由感。

(2) 打破服务鸿沟的"金融普惠"路径

大量发展中国家的居民因缺乏信用历史、地理限制或语言障碍,难以接入正规金融服务。而稳定币+区块链的组合,正在成为他们第一次接触金融服务的入口。从小额借贷到储蓄理财,从点对点交易到社区互助基金,稳定币让这些"无账户人口"得以重新融入全球金融网络。

(3) 用户主导金融创新的力量释放

在 Web3 的土壤中,用户不仅是金融服务的使用者,还是产品设计的参与者。稳定币为他们提供了构建新金融工具的基础组件。无论是开发者创建新协议,还是普通用户参与 DAO 治理、链上保险、众筹平台等,稳定币都在其中扮演着关键媒介角色。这种"用户即金融"的新逻辑,正是稳定币时代最具变革性的标志之一。

1.3 从无名小卒到"金融明星"

稳定币的崛起之路并非一帆风顺,从最初名不见经传的"小工具",到如今横跨交易所、企业支付、去中心化金融等多个领域的"金融明星",它经历了一段充满曲折与突破的演化历程。这不是一场简单的产品演进,而是一段融合市场需求、技术推动与政策博弈的系统性跃迁。

1.3.1 稳定币的萌芽

如果说今天的稳定币已经成为链接数字世界与现实金融的桥梁，那么它的最初出现，更多是出于"理念先行"的探索。在货币与技术的交汇处，一些人开始思考：有没有一种新型数字货币，既能保持价格稳定，又能兼容去中心化精神？在去中心化货币（如比特币）尚属边缘话题的年代，稳定币的雏形已经悄然孕育。

1. 早期讨论与社区共识

稳定币的起点，必须回到数字货币这一更大的历史框架中。比特币的诞生带来了"去中心化货币"的全新范式，但它价格波动剧烈的问题也同样显著。正是因为这一点，"稳定性"成了数字货币领域被热烈讨论的新话题。

在 2010—2012 年这一阶段，稳定币完成了从讨论到共识的过程（见图 1.13）。尽管稳定币的概念尚未成型，但理论基础已经初现端倪。

图 1.13 稳定币从讨论到共识的过程

（1）对比特币价格波动的反思

比特币作为全球首个去中心化数字资产，为金融自由主义者和技术理想主义者点燃了希望。但从 2010 年代初起，围绕它价格剧烈波动的讨论就不曾停止。从"比特币换披萨"开始，一连串因币价暴涨暴跌引发的争议让人们意识到，若要将数字货币用于日常支付或商业结算，仅靠比特币远远不够。

这一背景促使一些加密社区成员思考：有没有一种机制，能够让"链上货币"拥有类似法币那样的稳定购买力？这个问题成为稳定币诞生的最初思想火种。

（2）早期货币思想的技术转化

在更深的层面，稳定币的理念其实是多种货币思想的"技术转化"结果。一方面，它借鉴了传统金融中"货币锚定"的思路——金本位时期的"黄金兑换券"就是一种典型的稳定机制；另一方面，它也吸收了自由货币理论中的"私人发行、市场调节"逻辑，如哈耶克提出的"货币竞争理论"。

当这些理论被带入区块链语境时，一种具有"锚定资产、透明机制和技术自治"特征的新型数字货币构想开始成形。

（3）理论走向共识

到了 2012 年前后，稳定币的理论已在加密社区内部逐渐传播开来。技术论坛、博客文章、早期白皮书中出现了"链上美元""价格锚定代币"等关键词，人们开始围绕"如何用智能合约保持币值稳定"展开激烈讨论。

这些讨论虽然当时还未能走向主流，但它们为后来的稳定币项目埋下了思想种子。某种意义上，稳定币的真正发端，正是因为这种理论激荡与共识萌芽。

2. 初代实验原型

在理念逐渐清晰之后，稳定币的探索也从纸面走向实践。一些先行者开始用代码将理论变为现实，开启了初代稳定币的实验旅程。这些项目或许未曾获得广泛应用，却在机制设计、社区反馈和系统运行上积累了宝贵经验，为后来的成功案例打下基础，如图 1.14 所示。

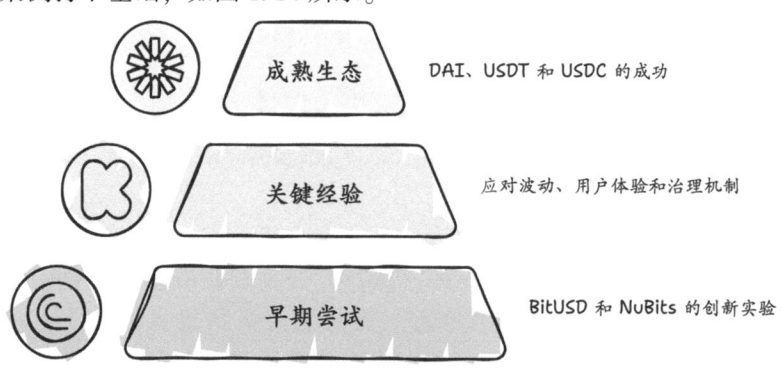

图 1.14　稳定币发展金字塔

（1）BitUSD

BitUSD 是最早的链上稳定币尝试。2014 年，BitShares 区块链上线并推出 BitUSD，这被广泛视为全球第一种运行在区块链上的稳定币。BitUSD 并不依赖美元储备，而是通过一种"超额抵押"的机制维持价格稳定：用户可以用平台原生资产 BTS 抵押，生成锚定美元价值的 BitUSD。

BitUSD 的创新在于，它完全运行于智能合约之上，不依赖任何中心机构。但它的挑战也很突出，BTS 价格的剧烈波动，使得抵押稳定性的维持十分困难，系统经常陷入清算压力，用户体验欠佳。这一探索虽未取得商业成功，却首次向世界展示了"链上稳定币"的可行路径。

（2）NuBits

同样在 2014 年，另一个项目 NuBits 提出了另一种思路，即用算法调节发行量，以稳定币价。NuBits 并不依赖抵押资产，而是通过一套名为"调度器"的机制，根据市场需求自动增发或回购 NuBits，以维持其对美元的锚定。

尽管这个想法在当时看起来非常前卫，但 NuBits 很快暴露出系统缺陷。面对持续卖压时，算法机制无法有效回购，导致币价最终失锚。这一失败成为后来"算法稳定币"领域的重要警示，即稳定机制不仅要靠模型，更要有可信资产支持。

（3）早期项目的经验价值

尽管 BitUSD 和 NuBits 等初代项目都未能走向主流，但它们提供了三点重要启示：其一，稳定机制必须能够应对极端市场波动；其二，链上稳定币需要良好的用户体验和清晰的价值逻辑；其三，治理机制不可忽视，单一机制难以长期维稳。

正是因为有了这些早期项目失败的试验田，后来的 DAI、USDT、USDC 等项目才有机会总结经验，构建出更为稳健的稳定币生态体系。

3. 技术探索之路

初代稳定币的出现虽然尚不成熟，但它们为市场投下了第一块石子。接下来数年里，更多开发者和机构意识到：稳定币不仅是一个金融实验，更可能成为链接传统金融与加密世界的关键工具。这一阶段，探索逐步深入，方向日益清晰，从技术架构、应用场景到市场接受度，各方面都进行了大量尝试（见图 1.15）。

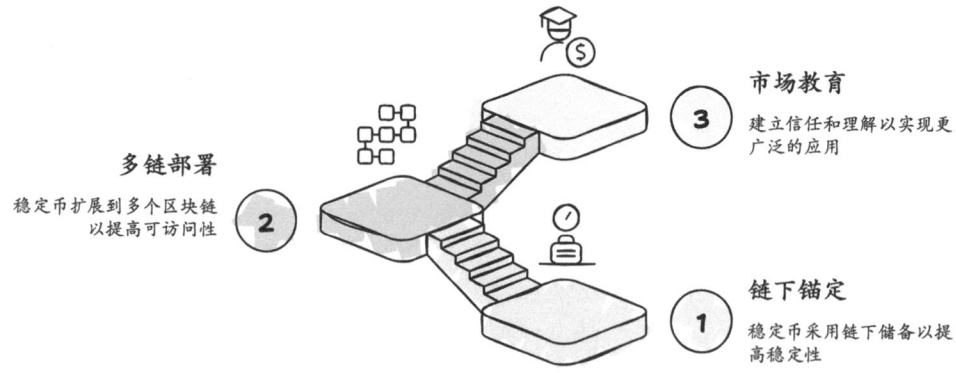

图 1.15　稳定币的技术探索之路

(1) 从"链上币"走向"链下锚定"

早期失败促使开发者重新审视稳定机制。与 BitUSD 和 NuBits 依赖链上资产或算法不同，Tether 开创性地采用了"链下锚定、链上流通"的模式，即每发行一枚 USDT，就由发行方在银行账户中准备等值的美元作为储备。这种机制大大降低了系统设计复杂度，也更容易为市场所理解与接受。

虽然 USDT 的托管透明度一直存在争议，但这一模式迅速获得市场认可，并为后来的 USDC、BUSD 等中心化稳定币奠定了运作模板。链下储备成为稳定币发展的"主干路线"。

(2) 多链部署与跨平台兼容

技术层面的探索也在不断推进。最初稳定币多部署于单一公链，如 USDT 起初仅运行在 Omni 协议上。但随着以太坊等智能合约平台崛起，稳定币开始进入更开放的生态体系，支持多链发行，形成跨平台通用资产。

例如，USDC 同时部署在以太坊、Solana、Polygon 等多个区块链上，用户可以在不同网络间灵活操作，而无须依赖中心化汇兑。这种"多链部署"策略，推动稳定币从"交易所工具"演变为"区块链原生资产"，大大拓展了其适用边界。

(3) 市场教育与信任机制逐步建立

除了技术路径的演进，市场本身的成长也在悄然推动稳定币走向成熟。早期加密市场极度波动，使得用户对稳定资产产生真实需求；而随着 DeFi、NFT、GameFi 等新应用爆发，对高效清算工具和抵押资产的需求也水涨船高。

这一阶段，稳定币不仅"被需要"，还逐渐"被信任"。项目方通过审计报告、法律合规声明、储备证明等手段提升透明度，用户也在实践中逐步接受"1枚=1美元"的概念。技术发展与市场培育相辅相成，为后续的稳定币爆发积蓄了力量。

1.3.2 市场演进与生态扩张

稳定币从早期实验逐步走向主流，伴随着整个加密市场的周期性发展，经历了数次"从边缘到中心"的结构性跃迁。稳定币的市场演进大致可分为三个阶段（见图1.16）：从"探索为主、试验为辅"的萌芽期（2014年以前）到"法币主导、风险推动监管"的成长期（2014—2022年），最终迈入"合规与创新并行、应用加速落地"的爆发期（2022年以后）。

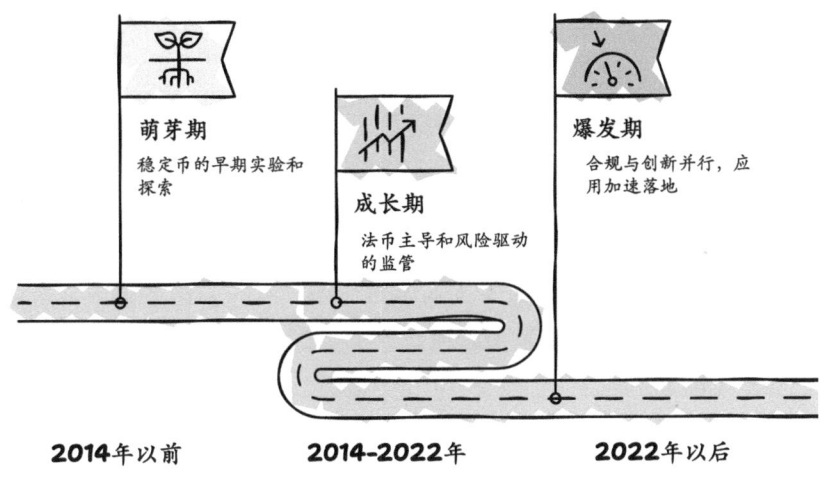

图1.16 稳定币的市场演进

尤其自2018年起，稳定币开始被大规模采用。2020年DeFi浪潮带来快速增长，2022年Terra-LUNA事件又引发监管关注与市场反思。进入2020年代中后期，稳定币的市场格局持续演进，生态体系日趋成熟。USDT与USDC逐步确立了"中流砥柱"地位，越来越多的新型稳定币也在细分场景中崭露头角。

根据公开数据，截至2025年年中，全球稳定币总市值已突破2600亿美元，年增幅近10%。其链上交易量也已大幅超越比特币与以太坊主网，成为Web3世界中最广泛使用、最具流动性的核心资产之一。

1. 主流稳定币格局稳定

在稳定币市场发展进入相对成熟阶段后，格局呈现出明显的"两强主导+多元探索"局面：USDT 和 USDC 占据大量市场份额，新型稳定币也开始崛起（见图 1.17）。

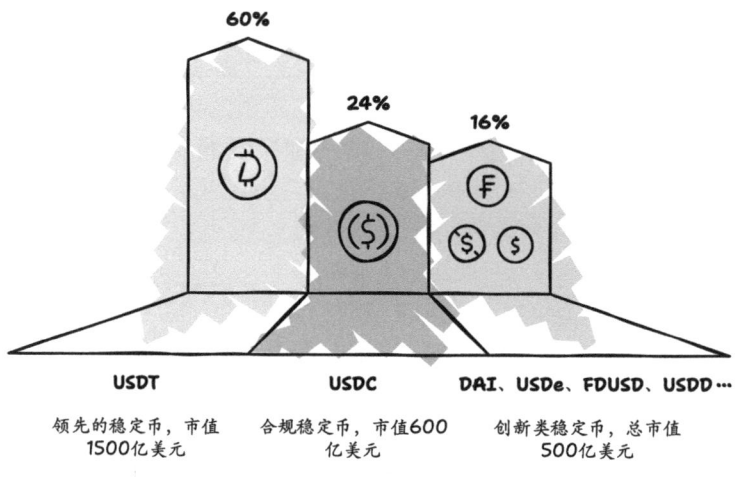

图 1.17　USDT、USDC 和新型稳定币市场份额占比

老牌稳定币依旧主导着市场交易和用户使用，而新兴稳定币则从创新方向切入，推动生态在更多细分场景中落地。

（1）USDT 的霸主地位

截至 2025 年 Q2，USDT 市值约为 1500 亿美元，占据全球稳定币市场近 60% 的份额，持续稳坐行业第一宝座。其链上交易量日均维持在数十亿美元规模，覆盖超过十条主流公链，包括以太坊、TRON、Solana 等，是加密交易所、钱包和金融协议中最常见的交易媒介。

Tether 公司在稳定币的流通效率、跨链部署和储备资产管理上积累了深厚的运营经验，使得 USDT 依旧保持强大的网络效应和流动性优势。

（2）USDC 的合规崛起

USDC 的成长路径与 USDT 截然不同，其核心竞争力在于"合规透明"。截至 2025 年 Q2，USDC 市值达到 600 亿美元，占全球稳定币市场的 24% 左右。

Circle 公司积极拥抱监管，定期出具储备证明，并在美国推进上市进程，其稳定币在机构支付、企业清算和政府试点中的应用频率越来越高。2025 年第一季度，USDC 月度链上交易总额接近 5800 亿美元，进一步巩固了其在商业与金融合规场景中的首选地位。

（3）创新稳定币的崛起

在主流稳定币之外，出现了更多具有创新性的新型稳定币。除了去中心化稳定币代表 DAI（更适合被称为基于创新机制的成熟稳定币）以外，以 USDe 为代表的"收益型稳定币"进入主流视野，截至 2025 年 6 月，其市值已达 58.7 亿美元，占全球稳定币总市值约 2.25%。

此外，像 FDUSD（锚定美元、支持合规的稳定币）和 USDD（部分算法支撑）等也在某些交易所和链上协议中试水成功。这些新型稳定币探索黄金锚定、协议收入支撑、部分抵押与算法结合等不同机制，为稳定币多元生态注入活力，也代表着稳定币未来从"标准支付工具"向"模块化金融组件"演化。

2. 应用场景加速拓展

市值的持续增长背后，是稳定币应用范围的显著拓展。过去它主要服务于交易撮合和出入金，如今已逐步渗透至借贷、跨境支付、链上工资、众筹、RWA 映射等多个金融与商业领域，成为 Web3 世界不可或缺的基础设施。

（1）链上金融的关键底层

稳定币在 DeFi 中广泛应用，常作为借贷抵押物、交易对手资产或收益分发工具。在 Aave、Compound 等协议中，USDC 和 USDT 占据大量存款池，是推动链上金融生态运行的"硬通货"。

（2）跨境支付与薪资发放

自 2023 年以来，拉美、非洲等地用户使用稳定币进行小额支付和汇款的比例大幅提升。与此同时，一些 Web3 项目也开始以 USDC、DAI 向全球员工发放工资，绕开传统结算系统，降低了手续费并提升了到账效率。

（3）Web2 企业试水集成

Visa、PayPal、Stripe 等支付巨头已开始尝试将稳定币纳入结算通道。新加坡、中国香港地区等地的新兴金融科技公司也将稳定币嵌入跨境支付和数字钱包，推动其从链上金融迈向现实商业场景的广泛落地。

3. 市场竞争态势日趋分化

随着稳定币的发展走向成熟，竞争也逐渐从"谁的市值更大"转向"谁的场景更广""谁的合规程度更高""谁的模式更有弹性"。未来，稳定币市场将呈现出以下几大趋势：

（1）合规化趋势加剧

主要稳定币项目正主动寻求与监管接轨，美国、欧盟等地的稳定币监管框架逐步清晰，合规产品将获得更大市场份额。

（2）多元化模型共存

单一模型难以满足全球不同用户和场景的需求，法币足额抵押、部分抵押、算法支撑、收益驱动等机制将并行发展。

（3）生态整合与联动

稳定币将不再孤立存在，而是深度融入 DeFi 协议、CeFi 平台、Web2 支付接口以及 RWA 发行系统，成为数字经济的通用流通载体。

1.3.3 行业重大事件

在稳定币的发展过程中，发生了一系列重大行业事件。这些事件有的来自传统金融体系的主动接纳，有的源于监管政策的压力与博弈，也有的是在真实应用场景中被"用出来"的突破。它们共同构成了稳定币发展历程中的重要"拐点时刻"，深刻影响了整个行业的格局与走向。

1. 稳定币纳入主流支付体系

稳定币真正从"加密世界的工具"向"全球金融基础设施"转变，始于它们进入传统支付领域的那一刻。2023—2024 年间，多家传统支付巨头陆续将稳定币整合进自身生态（见图 1.18），稳定币首次以"正规角色"现身于主流用户界面中。

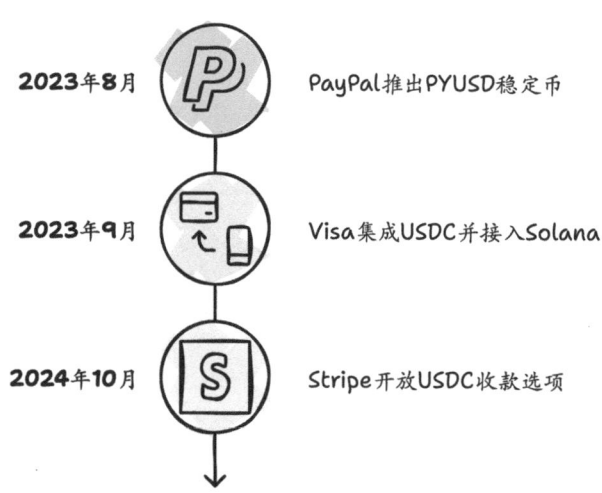

图 1.18　稳定币进入主流支付领域

（1）PayPal 推出 PYUSD 稳定币

2023 年 8 月，PayPal 正式发行自有稳定币 PYUSD，锚定美元、全额储备，由其子公司 Paxos 负责技术与托管。这是首个由美国支付巨头直接发行的稳定币产品，不仅在 Venmo 等产品中广泛使用，还引发了金融监管机构对"科技金融混合体"的政策关注。

（2）Visa 集成 USDC 并接入 Solana

2023 年 9 月，Visa 宣布在跨境结算服务中集成 USDC 稳定币，并选择 Solana 链作为底层网络之一，显著提升了交易速度与成本效率。这一举动不仅扩大了稳定币的应用边界，也标志着传统支付巨头对公链技术的直接拥抱。

（3）Stripe 与稳定币收款集成

2024 年 10 月，支付平台 Stripe 宣布开放 USDC 收款选项，支持商家以稳定币接收客户付款。该服务率先在以太坊、Solana 等链上落地，特别适用于高通胀地区、跨境小额支付与 Web3 服务商。

2. 监管风暴与政策博弈

随着稳定币体量激增和社会关注度的上升，监管机构开始正面介入，既带来了冲击，也为行业确立了基本边界。这一时期，政策制定者与加密行业之间的对话与拉锯成为主旋律。

（1）UST 暴雷引发全球监管警觉

2022 年 5 月，算法稳定币 UST（TerraUSD）短短几天内从 1 美元跌至不足 0.1 美元，直接蒸发超过 400 亿美元市值。该事件引发了美国、韩国、欧盟等多地政府对稳定币风险的集体关注，成为推动监管立法的"导火索"。

（2）美国推出《GENIUS 法案》草案

2023 年 7 月，美国两党议员联合提出《GENIUS 法案》，要求发行人获得联邦或州级许可，并具备 100% 法币储备与每日审计能力。此举推动了 USDC、PYUSD 等"合规系"稳定币的快速增长，也促使 Tether 加强了披露机制。

（3）全球政策逐步收紧，亚太地区创新活跃

2024 年起，欧盟 MiCA 法案正式生效，中国香港金融管理局推出稳定币监管框架，新加坡扩大数字资产监管沙盒。这些举措体现出全球监管从"观望态度"转为"精细引导"，为稳定币的合法落地与金融嵌入提供了制度保障。

3. 大规模采用与支付创新

稳定币的成功并非止步于链上实验，更在全球真实经济中得到了落地应用。尤其是在高通胀国家、跨境电商、DeFi 应用等场景，稳定币开始以低成本、高

效率的方式替代传统银行体系，成为许多用户的"最优选"。

（1）通胀国家的金融避风港

2023—2024年间，阿根廷、委内瑞拉、尼日利亚、土耳其等高通胀国家用户大量使用USDT、USDC进行储值与结算。这种"民间采用"趋势远超政府政策干预，使稳定币在发展中国家成为"数字美元替代品"。

（2）Web3中的支付与借贷核心

稳定币已成为DeFi生态的"燃料"，无论是Aave的借贷、Uniswap的交易对、Maker的抵押逻辑，几乎都离不开稳定币。2024年，多数主流协议都已原生集成多个稳定币，形成链上原生"美元经济体"。

（3）RWA映射的金融底层

随着RWA（现实世界资产）概念的兴起，稳定币成为现实资产上链的"清算锚点"。无论是链上债券、房产代币，还是数字黄金、碳信用，稳定币都承担了估值、支付、兑换的关键职能。FDUSD、USDe等新型稳定币也在这些场景中快速布局，推动传统资产的链上重构。

总体来看，稳定币的崛起，不只是技术推动的结果，更是时代需求的回响。从金融强权的博弈，到数字用户的选择，它已不再是Web3的附属产品，而是走向主流金融舞台的关键角色。

第 2 章　稳定之谜：它凭什么能够锚住美元

"知其然，知其所以然。"——《朱子语类》

本章导图

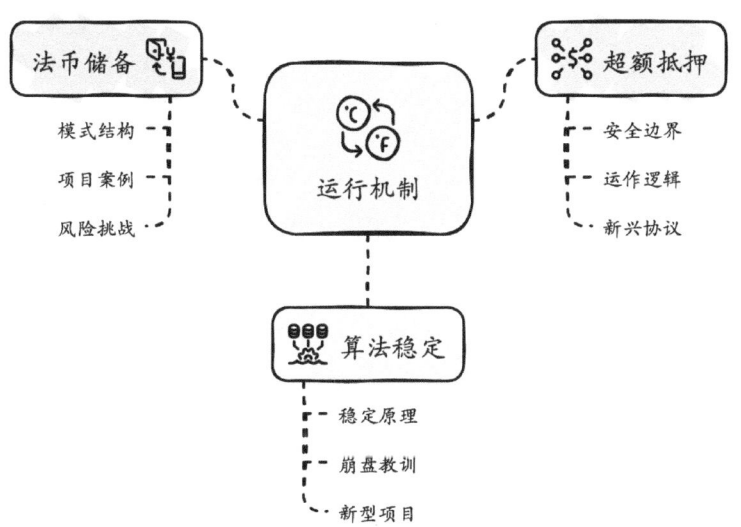

稳定币之所以"稳定"，并不是因为它有魔法，而是因为它建立在一套逻辑清晰、技术可行的运行机制之上。从链下的资金托管，到链上的发行销毁，稳定币背后有着严格的机制设计，旨在维持其对标资产的价值锚定。这种稳定性的实现，并非单一手段能够达成，而是在透明、安全与效率之间寻找动态平衡。

不同类型稳定币机制各异：法币储备型依赖银行体系背书，加密抵押型侧重链上治理与风控，算法型则靠机制自动调节供需。但是，它们都指向一个共同的目标，那就是实现"稳定"！

2.1 简单粗暴的法币储备，真那么稳？

在稳定币家族中，法币储备型无疑是最直观、最容易理解的一类。只要有人拿1美元出来，发行方就在链上生成一个"1美元"的稳定币——听起来，就像把美元复制到区块链上。这种做法既不复杂，也无需加密黑科技，但也正因其"简单粗暴"，被不少人视为最"靠谱"的路径。

然而，表面看起来很简单的机制，背后往往隐藏着复杂的权衡与风险。从"钱存在哪儿"到"谁来监管""兑付能否实现"，每一个细节都牵一发而动全身。要真正理解这类稳定币是否"稳得住"，我们必须先从它的架构讲起。

2.1.1 模式与结构

法币储备稳定币的核心逻辑，是用链下真实资产支撑链上数字通证，看起来像是"1∶1锚定"，实则背后是一整套高度依赖传统金融体系的运作流程。从托管机制到信息披露，再到储备策略，每一个环节都至关重要，如图2.1所示。

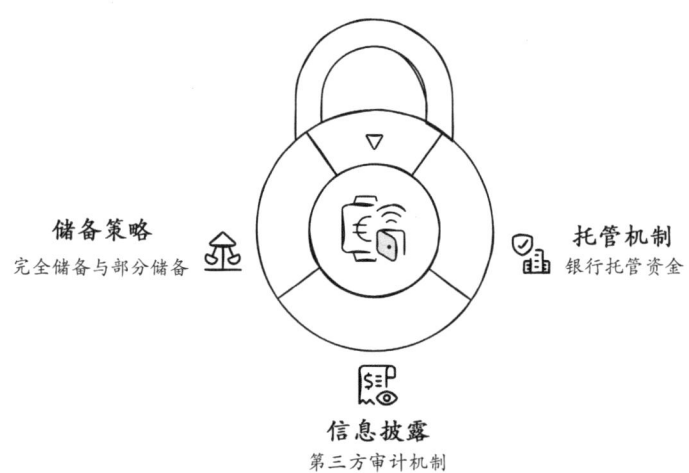

图 2.1　法币储备稳定币的结构

1. 银行托管资金

对于任何声称"每一枚稳定币都有等额法币储备"的项目来说，资金的"安放之处"是第一步关键。

(1) 专户管理原则

项目方一般会选择与一家或多家传统银行合作，将法币储备存入专门设立的托管账户中。这类账户通常不能被随意动用，账户权属清晰，资金用途受限，旨在防止项目方擅自挪用或挤兑风险。

(2) 多家托管分散风险

部分大型项目（如 USDT）选择多家银行分布托管资金，涵盖美国、巴哈马、开曼群岛、亚洲等多个国家和地区，以分散地缘政治、制裁、单点故障等风险。但这也可能导致账户信息不透明，成为外界质疑的焦点。

(3) 与银行合作难度

并非所有银行都愿意与稳定币项目合作，尤其在欧美监管趋严后，银行更倾向于远离潜在合规风险。这导致部分项目需借助中介、通道或支付机构协助开立账户，间接提升了资金管理的复杂度。

2. 第三方审计机制

法币储备说起来好听，问题在于：你说你有，我们怎么信？这就必须依赖可信的审计机制。

(1) 审计频率与透明度

主流项目通常承诺每月出具一次储备报告，如 USDC 会委托独立审计机构进行"证明级"报告，披露其持有现金与短期美债的比例。部分项目甚至提供每日更新数据，增强透明度。

(2) 审计机构的选择

并非所有审计都值得信任。项目选择的第三方机构如果不具备公信力，审计也可能流于形式。例如，USDT 曾因与早期审计方纠纷被诟病数据不完整，引发行业担忧。

(3) 监管介入趋势

随着 MiCA 等监管法案落地，未来审计不再是自愿行为，而将成为法律强制要求。一旦纳入金融监管范畴，稳定币项目将被要求使用合规注册的审计方，甚至需接受实时审查。

3. 完全储备与部分储备

法币储备模型听起来是"1∶1 足额抵押"，但现实中远没有那么简单。

(1) 完全储备的理想模式

理论上，所有发行数量的稳定币背后都应有等额的现金或短期国债作为储备。这样一来，用户在任意时刻都能按比例赎回，确保价格锚定法币。

（2）部分储备的实践操作

部分项目实际运作中，会将一部分储备资金用于短期投资，如购买商业票据、证券等，以获取额外收益。这种"类银行"行为提高了运营收入，但也埋下了风险隐患。

（3）披露与风险平衡

项目是否公开储备构成，是否有能力应对大规模赎回，是判断其是否真"稳定"的关键指标。一旦脱钩或储备不足，就可能引发信任危机，如早年的USDT储备质疑便引发市场剧烈波动。

2.1.2 主要项目案例

在法币储备稳定币的世界里，不同项目的设计理念、运营方式和监管对策各不相同。通过几个具有代表性的实际案例，可以更直观地理解这一模式的多样性与现实挑战。我们选取了三个极具代表性的项目，USDT、USDC 与 BUSD，作为法币储备模式下的典型样本，如图 2.2 所示。

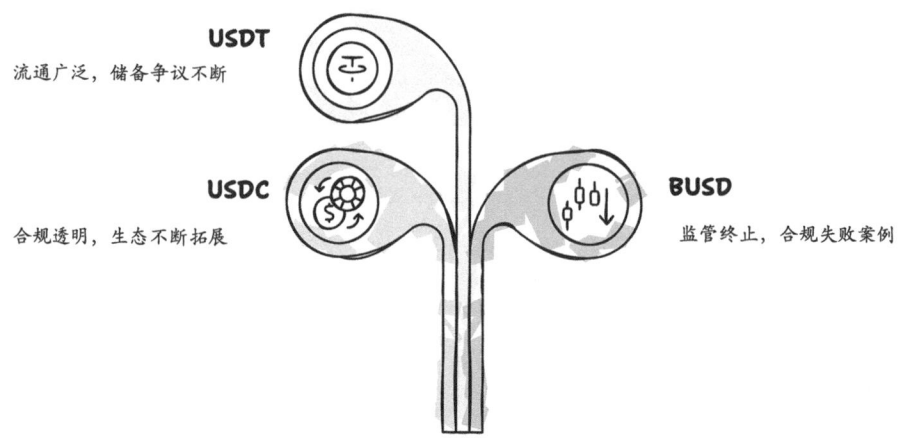

图 2.2 法币储备稳定币代表项目

1. USDT 的储备争议

作为最早期的稳定币项目之一，USDT 在诞生初期就采用了法币托管的方式，其背后运营主体 Tether 公司长期以来以"1∶1 美元储备"的口径向市场宣称稳定性保障。然而，围绕其储备透明度问题，多年来争议不断。

（1）信息披露模糊

USDT在相当长的时间内未公开详细的资产构成，这一"不透明"策略引发了外界对其资金池成分的质疑。尽管后来在2021年起陆续发布储备审计报告，但大多数是审阅报告而非完整的第三方审计。

（2）储备构成多元

根据Tether发布的数据，其储备不仅包括现金与银行存款，还涵盖商业票据、回购协议、国债甚至数字资产。这种非全现金结构在市场压力时段容易被视为潜在风险源。

（3）高流动性与广泛采用

尽管有储备争议，USDT依然是流通最广的稳定币。其跨链发行、交易所支持程度和市场深度远超其他稳定币，是"功能强大但合规模糊"的代表。

2. USDC的合规路径

相较于USDT的"先上车后补票"策略，USDC则走了一条完全不同的路线。USDC由Circle与Coinbase共同推出，自诞生之初就将"合规"和"透明"作为其产品核心，成为传统金融机构最愿意接触的稳定币之一。

（1）审计与信息披露规范

USDC每月发布独立会计事务所出具的储备审计报告，清晰列出资产构成与托管银行明细，为用户提供高可信度保障。

（2）100%现金或等价资产支持

USDC的所有发行量都有美国国债和现金等流动性极高资产背书，这种稳健的模式让其在动荡时期表现出更强的稳定性。

（3）不断拓展的机构生态

在与监管机构良好沟通的基础上，USDC被嵌入Visa、MoneyGram等支付网络中，也成为DeFi和Web2支付场景中主流机构选择的稳定币。

3. BUSD的兴衰

BUSD是由Binance推出、由Paxos负责发行与监管备案的美元稳定币，曾一度跃升为市值第三的稳定币。然而，这一项目的生命周期也揭示了监管政策变化对稳定币项目的生死影响。

（1）合规发行起步

BUSD最初获得了NYDFS（纽约金融服务部）的监管批准，采用完全储备+合规审计模式，在初期赢得了市场的广泛信任。

(2) 受限于单一托管结构

BUSD 的发行高度依赖 Paxos 的合规资质，其运作相对集中。一旦监管压力加剧，便缺乏足够的独立应变能力。

(3) 监管风暴下的终止

2023 年，Paxos 接到 NYDFS 禁止继续发行 BUSD 的通知，使得该项目逐步退市。虽然老用户的资产仍可赎回，但其流通市值急剧缩水，也成为"合规性不稳定"所带来的现实案例。

2.1.3 风险与挑战

虽然法币储备稳定币因其"看得见摸得着"的储备支持，被视为最"稳"的那一类，但这并不意味着它们就没有风险。正相反，随着它们规模不断扩大、渗透场景日益复杂，一些看似低调的系统性风险也开始浮现出来。特别是在与传统金融系统深度挂钩的过程中，法币储备稳定币不可避免地暴露出一系列集中性、监管性与控制性的问题，如图 2.3 所示。

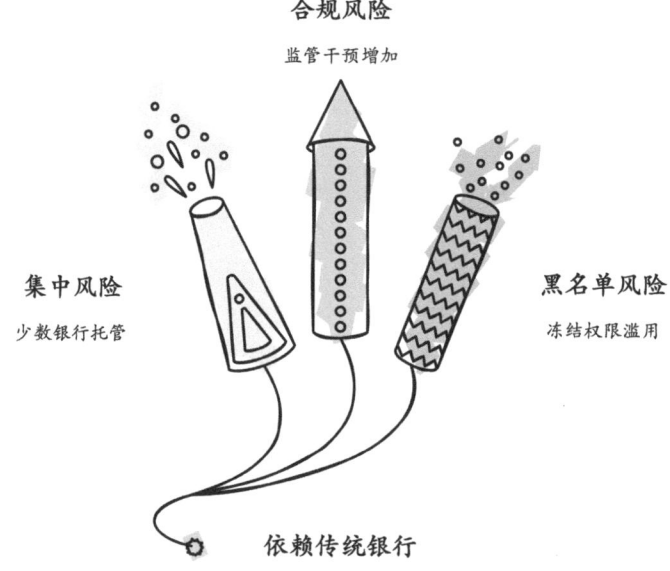

图 2.3 法币储备稳定币的系统性风险

1. 银行账户的集中风险

法币储备稳定币的"生命线"掌握在银行账户之中。虽然这些稳定币表面上是去中心化世界的支付利器，但其底层资金却高度依赖于传统金融机构的托管能力。

（1）少数银行托管单点失效

大多数主流稳定币发行方，其法币储备集中托管于极少数银行账户，一旦这些账户被冻结、关闭或遭遇监管调查，就可能引发整个稳定币生态的连锁反应。例如，BUSD 的发行方 Paxos 曾与纽约银行系统深度绑定，一度因监管冲击而被迫终止增发。

（2）银行体系自身的不稳定

即便稳定币运营合规透明，也难以规避传统银行体系本身的不稳定性。2023 年硅谷银行（SVB）倒闭事件就一度导致 USDC 脱锚，因其部分储备存在该银行。当区块链资产高度依赖银行体系时，就容易遭遇"墙内出问题，墙外跟着跌"的窘境。

（3）链下风控不可编程

法币储备虽然可以审计，却无法像智能合约那样内建链上风险控制机制。一旦银行层面的操作发生失误或被滥用，用户无法通过链上手段立即察觉或应对，这种"链上透明+链下黑箱"的结构，天然存在不对称风险。

2. 合规突发事件

法币储备稳定币在合规层面走得最靠前，但这也意味着它们受到的监管干预频率和强度更高，常常受制于政策博弈和地缘政治风险。

（1）监管政策不断调整

许多国家对稳定币的监管态度仍在不断调整。一旦政策风向发生剧烈变化，稳定币就可能面临停止增发、清算储备或交易限制的压力。例如，SEC、NYDFS、MAS（新加坡金融监管局）等监管机构已多次对稳定币发行方进行合规调查或执法动作。

（2）发行资质随时被撤销

一旦发行主体未能满足最新合规要求，其经营许可或清算权限可能被撤销，从而对流通中的稳定币构成系统性冲击。BUSD 就是典型案例，尽管本身并无重大安全漏洞，却因监管立场变动而迅速"消失在历史舞台"。

（3）不同司法辖区的冲突

稳定币作为跨链、跨境的数字资产，天然处于多地监管交叉地带。一国认定为合法的稳定币，可能在另一国被视为"非法支付工具"，这不仅影响其全球流通性，也加剧了用户合规成本。

3. 黑名单与冻结机制

为了合规与防范风险，法币储备稳定币普遍引入了"黑名单"和"冻结"功能，这在保护系统安全的同时，也引发了去中心化社区的争议。

（1）冻结功能易被滥用

部分稳定币发行方保留对特定地址进行资金冻结的权限，虽然名义上用于打击非法活动，但也可能因政府命令或企业策略而滥用，从而伤及无辜用户。例如，Tether 和 Circle 均已数百次执行冻结操作，其中不乏因误判而引发质疑的案例。

（2）对抗审查性削弱

黑名单机制意味着部分地址将被直接拒绝转账、无法使用相关服务，这与 Web3"抗审查、自由交易"的精神相悖。在极端情境下，一些合法但敏感的交易也可能受到干扰，破坏了资产的流动性与中立性。

（3）系统信任回归中心化

当冻结机制无法做到公开、透明、可质疑时，用户对稳定币的信任就不再是对代码的信任，而是对发行方及其背后审查机制的信任。这种"准银行化"的信任基础与 Web3 原生精神之间存在明显张力。

总的来看，法币储备稳定币之所以"稳"，靠的不是链上算法，而是链下金融体系的支撑。它们确实为数字经济提供了极高效率的稳定媒介，但也因为与传统金融的深度挂钩，带来了不容忽视的"链下风险"。对用户而言，理解这些风险，正是认清稳定币真相的第一步。

2.2 用加密货币超额抵押，靠谱吗？

相比法币储备类稳定币依赖传统金融体系，加密资产抵押类稳定币则更多地发挥了链上机制的优势。它们不再依赖银行账户、审计报告或集中机构，而是完全通过智能合约、抵押资产和去中心化治理实现稳定机制。这类稳定币不仅增强了抗审查能力，也提升了整个系统的透明度与自动化水平。

然而，在抛弃传统信任结构的同时，加密抵押类稳定币也面临着更复杂的金融建模和系统性风险控制问题。

2.2.1 超额抵押的安全边界

在稳定币的演化路径中，加密资产抵押型稳定币提供了一种不依赖传统银行体系、由智能合约自动执行的去中心化解决方案。相比法币储备的"托管+审计"模式，这一机制更强调链上透明性和资产自托管，是 DeFi 生态中最具代表性的稳定币发行方式之一。而为了确保稳定币的价值锚定，即便市场剧烈波动也不易脱钩，这类稳定币普遍采用"超额抵押"的安全边界，形成独特的稳健逻辑。

1. 超额抵押原理

超额抵押的核心逻辑：用价值远高于所需发行稳定币的加密资产作为担保，以此形成风险缓冲带。这种机制在去中心化环境下被广泛应用，是对价格波动的主观预防式应对，如图 2.4 所示。

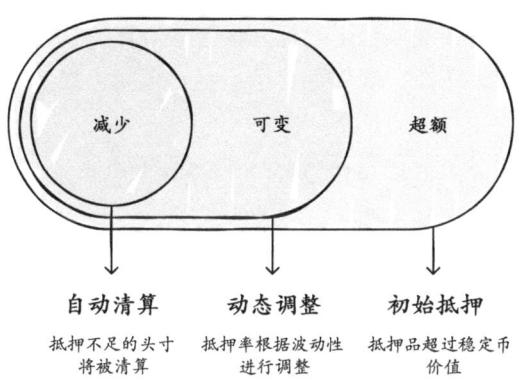

图 2.4　去中心化稳定币超额抵押原理

（1）超额抵押资产

例如，若要发行 100 美元的稳定币，系统可能要求用户抵押 150 美元以上的 ETH 或其他主流资产。这样即使 ETH 下跌 30%，抵押品价值仍能覆盖发行量，避免用户违约所造成的系统性风险。

（2）抵押率动态调整

不同抵押资产的风险系数不同，系统会设定不同的初始抵押率与清算线。例如，对波动大的资产（如 UNI），抵押率通常更高；而对稳定性更强的资产（如 WBTC），相应门槛则可适当放松。

（3）自动清算机制

智能合约实时监控抵押率，若某账户抵押不足，就会触发自动清算机制，将抵押资产拍卖或折价出售，回收稳定币以维护整体系统稳定。

2. 抵押率与风险控制

单靠超额抵押并不能彻底消除风险，系统还需设计细致的风险参数和动态调控机制。抵押率成为系统稳健性的"生命线"，直接决定着抗压能力和清算风险。

（1）设定"健康区间"与清算阈值

多数协议设定"最低抵押率"（如150%）与"目标抵押率"（如200%），鼓励用户维持较安全的比例。若低于清算阈值，系统即刻启动清算流程，防止价值不足时无币可还。

（2）风险调节参数与预言机机制联动

预言机提供的价格数据至关重要。协议需采用多源预言机并设置"缓冲时间"，避免价格波动被立即反映，导致无效清算或套利空间。

（3）引入"安全模块"应对极端波动

一些协议引入保险金池、稳定费提升或暂停清算等"熔断机制"，以增强系统应对黑天鹅事件的灵活性，确保稳定币不会一夜间失控。

3. 清算机制

清算机制是加密资产抵押稳定币的"安全守门员"，决定了在极端情况下，系统是否能快速止损、恢复平衡。

（1）自动拍卖

当抵押率跌破警戒线，系统将以折扣价强制拍卖抵押品，吸引 Keeper（拍卖者）参与，用拍卖所得回收稳定币销毁，避免脱锚。

（2）分段清算

许多协议采用分段式拍卖或限速清算方式，避免市场大规模抛售引发踩踏效应，在维持稳定币锚定的同时，控制市场情绪波动。

（3）赏罚并行

被清算者将承受一定罚金，鼓励用户维持健康抵押率；而参与清算的 Keeper 可获一定溢价，提升系统自动调节的效率与可持续性。

2.2.2 DAI 的运作逻辑

DAI 是目前最成功的去中心化稳定币代表之一，由 Sky Protocol 协议发行。不同于依赖法币储备的稳定币，DAI 完全通过智能合约驱动，运行于以太坊链上，并以多种加密资产作为抵押物。其背后是一整套复杂而稳健的金融治理系统,这不仅保障了 DAI 的价格锚定机制,也构筑了一个相对中立、去信任的稳定币生态。

在深入理解其治理框架和风险控制机制前,我们先从 DAI 的核心设计开始说起。

1. 多抵押资产模式

DAI 最初只支持单一抵押资产(ETH),但为了增强抗风险能力并扩大使用范围,Sky Protocol 在 2019 年上线了 MCD(多抵押资产)机制,如图 2.5 所示。

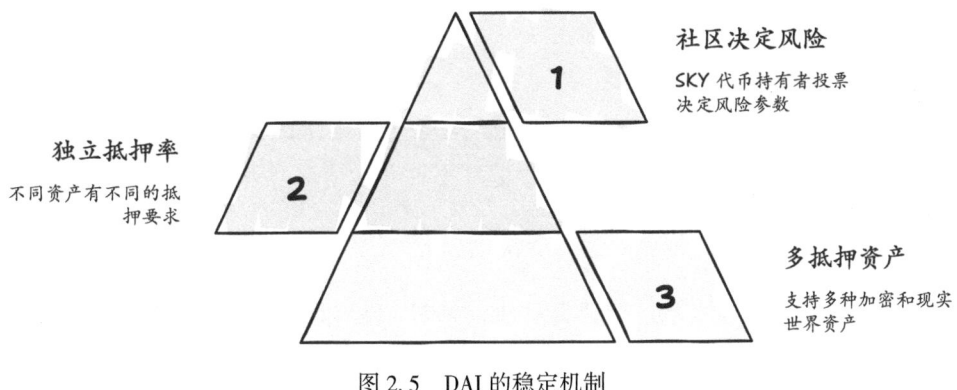

图 2.5 DAI 的稳定机制

(1)多种加密资产抵押

目前,DAI 支持的抵押资产已涵盖 ETH、WBTC、USDC、LINK、UNI、SKY 等多个主流代币,甚至包括现实世界资产(如房地产或国债代币化资产)的尝试。这种"资产组合"结构增强了 DAI 的抗波动性和灵活性。

(2)不同资产独立抵押率

不同资产的价格波动性不同,对应的抵押率也不同。例如,ETH 的最低抵押率可能是 170%,而波动更小的 USDC 可能只要求 110%。这保障了系统整体的稳定性,并抑制了某一资产剧烈波动带来的系统性风险。

(3)社区决定风险参数

每一种抵押资产的接纳与否、抵押比率、清算罚金等参数,均由持有 SKY 代币的治理参与者投票决定。这种去中心化的"风险审批"机制,确保了系统对新资产的选择具备足够的安全审慎。

2. 稳定费与治理

在 DAI 的运行体系中,"稳定费"与治理结构共同构成了经济激励与风险调节的两大支柱。

（1）稳定费决定借款成本

用户通过抵押资产生成 DAI 时，需按比例支付稳定费，这相当于一种"年化利息"，按时计入系统的债务总额。稳定费由社区调整，目的是调控 DAI 的市场供需与币价偏离。

（2）治理由 SKY 代币持有者投票

Sky Protocol 协议治理依托于 SKY 代币。持有者可通过链上治理投票机制，对利率调整、新资产引入、系统参数变更等关键事项进行决策，这种机制使 DAI 始终处于动态调节与不断优化之中。

（3）治理参与也承担风险

如果系统清算出现赤字，SKY 将被"增发拍卖"用于填补差额。因此治理者既拥有话语权，也承担责任。这一设计迫使参与者更加理性审慎地投票，防止短期激进决策带来长期风险。

3. 自动化清算机制

DAI 的实际运行依靠一整套自动化的清算与套利机制，核心构件包括用户的抵押 Vault（金库）、清算拍卖系统和 Keeper。

（1）Vault 是抵押生成 DAI 的入口

用户通过 Maker 协议开设 Vault，将加密资产锁入金库，并生成对应额度的 DAI。这些资产作为抵押物，系统实时监控其价值是否满足安全抵押比要求。

（2）拍卖机制用于清算风险仓位

当抵押物价值跌破安全线时，系统会强制清算该 Vault，并通过拍卖抵押物换回 DAI，归还债务。拍卖包括"反向荷兰式"和"增量式"两种，确保以合理价格处理资产。

（3）Keeper 参与维持系统平衡

Keeper 是主动参与拍卖和套利的第三方智能代理或用户角色。他们帮助系统执行清算、套利、价格更新等操作，在机制设计中扮演"维护市场稳定"的关键角色。

2.2.3 新兴多抵押协议

伴随着 DAI 的成功，越来越多的开发者和项目开始探索"超额抵押"之外更多样化的创新模式。这些新兴协议致力于在保证稳定性的基础上，进一步降低用户的使用成本，简化操作体验，甚至尝试实现更彻底的去中心化治理。接下来，我们将从 Liquity 的低利率模式、Aave GHO 的去中心化设计，以及一些小众但富有启发性的项目进行探索，看看新兴协议是如何在稳定币市场上掀起新一轮的模式创新浪潮的。

1. Liquity 的低利率模式

在去中心化稳定币领域，Sky Protocol 的 DAI 尽管广受欢迎，但用户在使用时需要支付一定的"稳定费"，且社区治理过程相对复杂。为解决这些问题，一些协议开始探索更简单、低成本的借贷模式，Liquity 就是其中的代表项目之一，如图 2.6 所示。

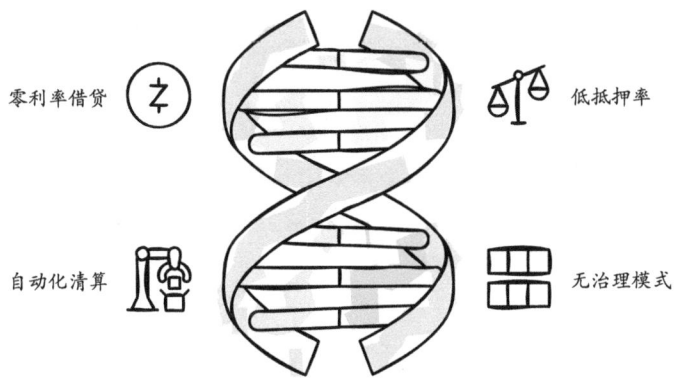

图 2.6 Liquity 协议的创新特征

（1）零利率、低成本的抵押借贷

Liquity 协议成立于 2021 年 4 月，创造性地提出了"零利率借贷"的稳定币发行模式。用户只需抵押 ETH，就可以获得协议发行的稳定币 LUSD，并且无需支付任何利息，仅需一次性缴纳少量的发行费（一般在 0.5% 左右）。这一模式极大降低了用户长期持有稳定币的成本。

（2）更低的抵押率与高效的清算机制

Liquity 将最低抵押率设定为 110%，远低于 Sky Protocol 的 150%，在市场剧烈波动时能更有效地保护用户的资产，避免过多清算。同时，Liquity 采用了自动化清算机制，由第三方"Stability Pool"（稳定池）承担风险敞口。当抵押率低于 110% 时，系统将自动执行清算，保障系统的稳定性。

（3）无需治理代币的自运行模式

与多数去中心化协议不同，Liquity 彻底抛弃了传统的治理模型，选择了一种完全自动化、非托管的方式运作。协议一旦上线，便无法人工干预或修改参数。虽然这种模式牺牲了一定的灵活性，但显著提高了系统的安全性和透明性，也成了去中心化金融领域独特的创新标杆。

2. Aave GHO 的去中心化设计

随着稳定币逐步成为 DeFi 生态不可或缺的组成部分，一些主流借贷协议也开始尝试推出自己的稳定币产品。2023 年 7 月，著名的 DeFi 借贷协议 Aave 正式推出了其原生稳定币 GHO，开始在去中心化稳定币领域崭露头角。

（1）原生借贷协议的稳定币扩展

GHO 是基于 Aave 平台推出的原生稳定币，用户可以直接使用 Aave 平台上的抵押资产生成 GHO。这意味着，Aave 无需再通过外部稳定币进行资金调度，而可以直接将资金留存在协议内部，提升了资金效率和安全性。

（2）去中心化储备和稳定费模型

与传统稳定币类似，GHO 也采用超额抵押模型，但独特之处在于其抵押资产储备完全由去中心化协议管理，而非单个实体控制。此外，GHO 引入了"动态稳定费"机制，费率由 Aave 社区投票决定，可灵活应对市场波动，提高了系统的适应性。

（3）跨链兼容与多资产支持

Aave 已经成功部署于以太坊、Polygon、Avalanche 等多条公链，这为 GHO 提供了天然的跨链流通性。未来 GHO 还计划支持更多种类的抵押资产，包括现实世界资产（RWA）和非链上资产映射。这种兼容性让 GHO 拥有极大的潜在应用空间。

3. 小众项目的探索

除了 Liquity 和 Aave 等主流项目外，还有一些小众但富有创意的项目在加密抵押稳定币领域进行了深入探索。它们或许体量不大，但提供了对未来稳定币模式设计的重要参考。

（1）Angle Protocol 的外汇稳定币

Angle Protocol 试图解决稳定币过于集中于美元的问题，推出了锚定欧元的稳定币 agEUR，用户可以用 ETH、BTC 等资产进行超额抵押生成 agEUR。这种多货币稳定币的尝试，为未来全球金融的多币种链上结算铺垫了基础。

（2）Reflexer Finance 的波动率锚定模式

Reflexer Finance 推出了 RAI 稳定币，这是一种不直接锚定美元，而是锚定 ETH 的波动率的稳定币。RAI 的价值在市场变化时会自动调整，旨在避免美元通胀或外汇风险。这种"非美元锚定"模式提供了对未来多元稳定币形态的一种大胆想象。

（3）Vesta Finance 的高效借贷架构

Vesta Finance 在 Avalanche 生态推出了自己的稳定币 VST，采用类似 Liquity 的超额抵押模式，但在技术层面做了更多优化，如采用高效的"Single Debt Pool"（单一债仓）结构和更具弹性的清算机制，降低了用户成本并提高了稳定性。

通过以上项目的创新探索，加密抵押稳定币市场逐渐呈现出百花齐放的景象。无论是 Liquity 的低成本高安全性、Aave GHO 的跨链多资产支持，还是小众项目的多元尝试，都在持续推动稳定币向更加灵活、普惠、稳定的方向发展。

2.3 "空穴来风"的造钱实验

算法稳定币，一场伴随着争议与期待的金融实验，从诞生之日起就充满了话题性。一些人视之为"货币革命"，另一些人则担忧它只是无根之水、空中楼阁。与法币储备和加密资产抵押稳定币不同，算法稳定币试图通过纯粹的市场机制来实现价格稳定，尽管前路荆棘密布，却始终吸引着大量的探索者不断前行。

2.3.1 算法稳定币的原理

相比法币储备和资产抵押模式，算法稳定币走了一条更大胆、更激进的路——它不依赖足额资产储备，而是通过算法与市场博弈实现币值稳定，如图 2.7 所示。

这种看似天马行空的设计，到底是如何运作的呢？我们从三个关键机制入手，逐一解析。

1. 自动供给与销毁

算法稳定币的第一道基本逻辑，是通过自动调节货币供应量来稳定币价。当币值高于目标价格（如 1 美元）时，系统自动增发稳定币，增加市场供给；当币值低于目标价格时，则主动回购并销毁稳定币，减少流通供应量。

（1）动态发行机制

以早期的 Basis 为例，当价格上涨到 1 美元以上时，系统向市场投放新币，并分发给持有"债券代币"的用户。这一过程让用户通过提前锁定收益而主动参与调节。

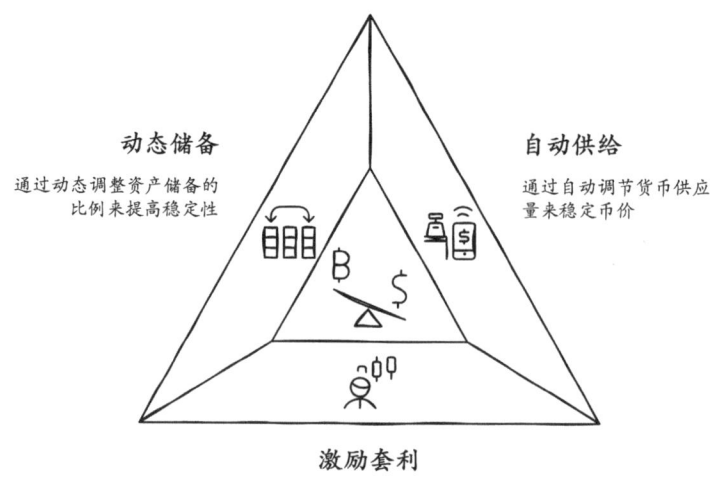

图 2.7　算法稳定币的稳定机制

（2）销毁与债务代币

当币价跌破 1 美元时，系统发行债务代币吸收流通中的稳定币。用户可以购买这些债券以换取未来的收益，从而促使价格回升。

（3）市场博弈的关键

发行机制完全依赖于市场参与者的套利行为，但这同时也是风险所在。一旦市场信心丧失，套利机制可能失效，币价可能陷入持续的脱锚状态。

2. 激励套利机制

算法稳定币的稳定性，除了自动调节，更离不开对套利行为的激励。因为套利者通过低买高卖赚取利润的同时，也会帮助币价快速恢复平衡。

（1）套利机制的设计逻辑

以 UST 为例，当 UST 币值跌至 1 美元以下时，套利者可以用低于 1 美元的价格买入 UST，并以 1 美元的价格兑换为 LUNA 代币，从而立即获得利润。

（2）套利空间与市场效率

套利行为的有效性高度依赖于市场流动性。如果套利渠道不够畅通，市场流动性不足，可能会降低套利行为的效率，甚至无法恢复币价稳定。

（3）博弈心理与套利风险

套利的盈利性吸引了大量短期资金参与，但如果市场的抛售压力远大于套利能力，就可能导致"死亡螺旋"，套利者非但不能获利，反而面临巨额亏损。

3. 动态储备率

在经历了一些早期算法稳定币项目的失败后，新的算法稳定币开始探索引入"部分储备"的思路，即动态调整算法与资产储备的比例，以提高系统的稳定性。

（1）部分储备与弹性供应

如 Frax 采用的部分储备机制，当市场情绪波动加剧时，系统会自动增加法币储备的占比；在稳定期则减少储备，以提高资本效率。

（2）储备率的风险控制

通过动态调整储备率，算法稳定币试图在资本效率与安全性之间取得平衡。然而，这种动态调节依赖于系统准确预测市场风险和波动程度，难度较高。

（3）市场反应与风险承受

如果市场恐慌情绪超出预期，即使有部分储备的设计也可能无法抵挡抛售潮。因此，这种模式虽然更加稳健，但依然需要经过市场的反复验证。

算法稳定币的原理表面看似简单，但背后却是复杂的市场博弈、用户心理与风险控制。

2.3.2 UST 崩盘教训

尽管算法稳定币带来了金融创新的可能性，但市场也给出了惨痛的教训，其中最典型的案例莫过于 UST 的崩盘事件。2022 年 5 月，因恐慌挤兑，UST 暴跌至 0.1 美元，不仅让数百亿美元资产在数日内化为泡影，更令整个算法稳定币生态陷入空前的信任危机。UST 崩盘事件成为算法稳定币发展史上的重要警示，深入分析其崩溃的原因与机制，能够为未来算法稳定币的发展提供宝贵的教训。

1. LUNA-UST 联动模型

要理解 UST 的崩盘，首先需要清楚它独特的运作机制：UST 是 Terra 区块链上的稳定币，与 Terra 区块链上的原生代币 LUNA 通过一种"双币联动"的方式相互作用，这种设计最初被视为天才之举，最终却成了灾难的根源。

（1）双币联动的工作原理

Terra 生态中，1 枚 UST 总是可以通过协议兑换为价值 1 美元的 LUNA。当 UST 的价格低于 1 美元时，套利者可低价买入 UST，再通过协议以 1 美元的价格兑换成 LUNA，从而实现套利收益；反之，当 UST 超过 1 美元时，套利者能用 LUNA 铸造更多 UST 并在市场卖出（见图 2.8）。市场的反复套利行为可以维持 UST 的价格稳定。

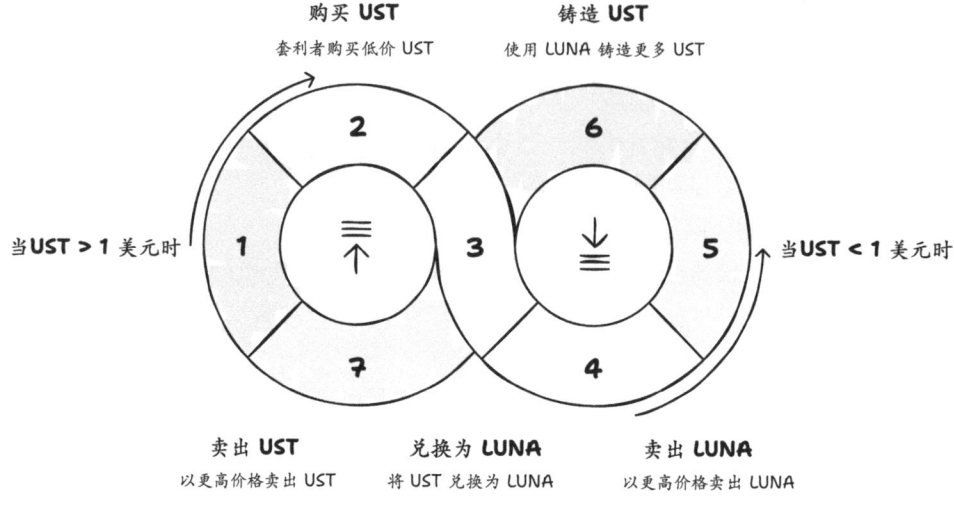

图 2.8　LUNA-UST 双币联动原理

（2）内在的不稳定性

这种联动关系的最大风险在于，UST 的价格稳定完全取决于 LUNA 的市场需求和价格稳定。一旦市场对 LUNA 的信任动摇，其价格下跌便会直接削弱 UST 的稳定性，形成恶性循环。

（3）套利的潜在风险

套利机制最初吸引了大量资本进入，使得生态迅速扩大。然而，这种快速扩张也伴随着巨大的风险，套利机制使生态中的杠杆效应倍增，市场波动稍有失控便可能酿成灾难。

2. 短期脱钩后的死亡螺旋

2022 年 5 月的崩盘事件表面上看是一场突然袭击，本质上却是系统内在不稳定性的必然爆发。当时 UST 价格的轻微脱锚，引发了迅速扩大的一场抛售风暴。

（1）信任危机的爆发点

事件初期，少量 UST 脱锚（跌至约 0.98 美元）并未引起广泛注意，但敏感的投资者迅速察觉到风险信号，开始抛售 UST。伴随抛售潮的放大，市场恐慌情绪快速蔓延。

（2）"死亡螺旋"效应

UST脱锚后，市场参与者争相将UST兑换成LUNA，再卖出LUNA变现。但由于兑换机制会大量铸造新LUNA，市场上的LUNA供应迅速膨胀，价格暴跌，进一步打击了投资者信心，导致抛售压力越来越大，形成无法遏制的"死亡螺旋"。

（3）清算和崩盘的必然

短短数日内，UST从接近1美元跌至不足0.1美元，LUNA价格暴跌超过99%，使数百亿美元的资产瞬间蒸发。这一灾难不仅摧毁了投资者的财富，更摧毁了市场对整个算法稳定币的信心。

3. 市场心理的重要性

UST的崩盘并不仅仅是经济或技术问题，也清晰地揭示了市场心理对算法稳定币的重要性。当参与者的信心瓦解，再精妙的算法也无法挽回局势。

（1）市场信任与资产支撑

稳定币的稳定性不仅依靠算法和机制，更依赖市场对其资产支撑和生态可持续性的长期信任。一旦市场信心出现裂痕，即使再稳固的机制也可能迅速坍塌。

（2）博弈心理与风险预期

Terra事件中，套利者在风险可控时积极参与套利活动，但当市场情绪剧烈波动并超出预期时，原本吸引套利资金的激励机制反而成为风险倍增的导火索，市场集体转为恐慌性的抛售。

（3）后续影响与信任重建

崩盘事件之后，算法稳定币的市场信任遭受重创，许多投资者重新审视风险，监管机构也加快了对算法稳定币的审查与政策制定，这场市场心理危机给行业敲响了重要警钟。

通过UST崩盘的深入剖析，我们可以看到，算法稳定币所带来的创新性尝试背后，往往隐藏着巨大的系统性风险。如何在创新与稳定之间取得更好的平衡，将是未来算法稳定币设计中亟待解决的关键课题。

2.3.3　新型部分抵押算法稳定币

在经历了UST崩盘这样的惨痛教训后，算法稳定币的开发团队开始重新审视这一领域的风险和潜力。传统算法稳定币通常依赖纯粹的市场激励机制来维持价格稳定，但这种方法显然风险极高、稳定性不足。因此，行业逐渐探索出了"部分抵押+算法调节"的混合模式。这种模式试图在资金效率与风险防控之间寻求一个更健康的平衡点，涌现出了以 Frax、UXD、USDD 等为代表的新一代部分抵押算法稳定币。

1. Frax 的部分储备机制

Frax Protocol 创立于 2020 年末，是首个在市场上成功实践"部分抵押+算法调节"模式的稳定币项目。与完全依赖算法（如 UST）或完全依靠足额抵押（如 USDC）的稳定币不同，Frax 采取了一种灵活的混合模式，即其供应的稳定币中一部分是法币储备资产或其他稳定币抵押，另一部分则由算法机制动态调整供应量。

（1）动态储备率调节

Frax 最具特色的是其独创的"动态储备率"机制。该机制根据市场对 Frax 的需求和价格表现，动态调整稳定币中抵押资产与算法供应的比例。例如，当市场需求强劲、稳定币价格高于锚定时，系统倾向于减少抵押资产比例，扩大算法供应量；反之，则增加抵押资产的比例，以稳定币价。

（2）双代币治理模式

与 Terra 类似，Frax 也采用双代币模型，FRAX 为稳定币，FXS 为治理代币。FXS 持有人通过社区治理投票参与决策，如决定抵押资产类型、算法参数调整等。FXS 同时吸纳了协议内的收益和风险，通过市场激励机制实现动态平衡。

（3）真实资产引入

为了增强稳定币的长期稳定性和用户信任度，Frax 还积极尝试引入现实世界资产（RWA）作为部分抵押资产。这种举措进一步降低了纯算法稳定币的剧烈波动风险，也增强了其与现实经济的连接性，使 Frax 能够更广泛地服务于链下商业场景。

2. UXD、USDD 的设计

除了 Frax 外，市场上还涌现了其他一些新兴的部分抵押算法稳定币，如 UXD 和 USDD。它们各自采用了不同的策略来保证币值稳定，丰富了整个算法稳定币的设计空间。

（1）UXD 的永续合约对冲模式

UXD Protocol 采取了一种独特的对冲机制。具体而言，UXD 通过 Solana 链上的去中心化交易平台 Mango Markets 等永续合约平台，同时建立稳定币和反向合约仓位，利用永续合约的资金费率机制实现价值对冲，从而保证 UXD 价格的稳定。这种方法相较于纯粹依靠市场套利的机制，抗风险能力更强，也避免了单纯依靠用户自发套利的不确定性。

（2）USDD 与 TRON 生态联动

USDD 由 TRON 创始人孙宇晨主导开发，于 2022 年推出，其设计融合了部分抵押和算法供需调整机制。USDD 一方面储备了 BTC、TRX 等加密资产作为部分抵押，另一方面则通过协议内的供需算法动态管理发行量和回购流程。此外，USDD 深度嵌入 TRON 生态，利用其庞大的用户基础和生态支持，形成一定的网络效应。

（3）风险管控与生态联动

UXD 与 USDD 的共性在于，它们不仅依赖单一机制，而是通过多维度的设计组合——部分抵押、市场对冲、算法调节等方式，综合管理风险。同时，它们也积极与去中心化交易平台、借贷协议等 DeFi 生态进行联动，从而提升了稳定币的实际使用场景，间接增强了价格稳定性。

3. 算法稳定币的未来

尽管早期算法稳定币面临过不少失败与质疑，但新型部分抵押算法稳定币的探索却让人们重新看到了这一模式的潜力和方向。无论是 Frax 的"动态储备"、UXD 的"对冲机制"，还是 USDD 的"生态联动"，都体现了这一领域逐渐走向成熟的技术与市场创新。算法稳定币的未来发展方向如图 2.9 所示。

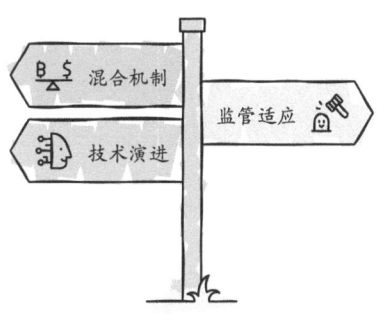

图 2.9　算法稳定币的未来发展方向

（1）混合机制成为主流

纯算法稳定币的失败促使行业逐渐接受混合机制的现实性。未来的算法稳定币很可能都将采取这种"部分抵押+算法"的模式，通过资金储备、智能合约自动调节和现实资产支撑相结合，以更稳健地实现价格稳定。

（2）技术与经济共同演进

随着市场经验的积累，算法稳定币的经济模型和技术设计也将进一步进化，越来越精细化和多元化。例如，借助 AI 和大数据技术，实现更精准的市场预测和供应量调节，或结合零知识证明、隐私保护技术提升合规性和安全性。

（3）监管与合规的适应

随着全球监管力度逐渐加大，未来算法稳定币项目也必须更加主动地适应合规要求，明确资产储备、风险披露、治理透明度等标准。这也意味着算法稳定币项目可能需要更精巧地设计自身架构，以平衡去中心化与合规之间的微妙关系。

简而言之，稳定币之所以能在波动剧烈的加密世界中脱颖而出，不仅仅因为它"锚住了美元"，更因为它在制度与技术的交汇点上构建起了一套独特的信任机制。无论是法币储备的审计保障，还是去中心化协议下的超额抵押设计，每一种机制背后，都是对"稳定"这一目标的不断试探与校准。稳定，不再只是结果，更是一场持续演进的过程。

第 3 章 技术引擎：驱动稳定币的神秘力量

"工欲善其事，必先利其器。"——《论语》

本章导图

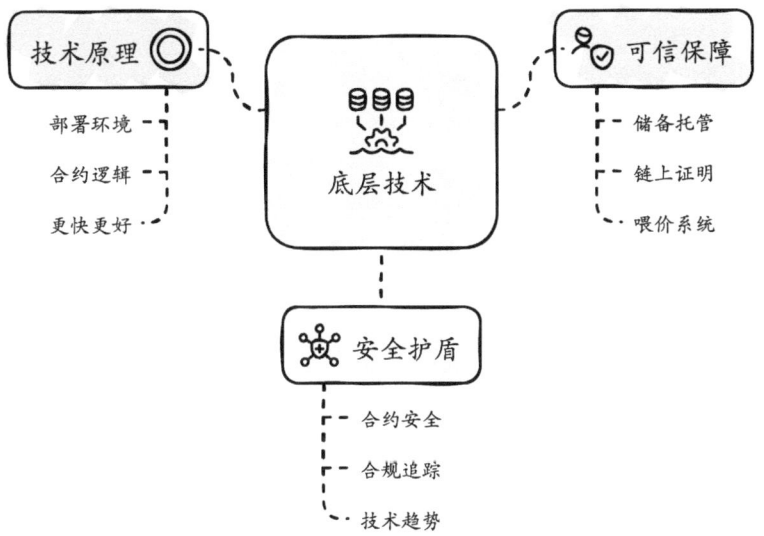

稳定币最引以为傲的特点就是其发行在区块链上，区块链是稳定币得以运行的技术基础。试想一下，如果没有坚实的技术底座，再完美的金融理念也只能停留在纸面。

区块链网络负责账本共识与信息传播，智能合约实现稳定币的自动发行与回收，预言机引入链下价格数据，跨链协议则打通不同生态之间的资产流转……这些看似冰冷的底层技术组件，正是驱动稳定币在安全、透明、可编程的道路上不断前行的真正引擎。

3.1 区块链与智能合约怎么运行

任何一种稳定币，都会运行在某条链上。链选得好，性能、安全、生态都事半功倍；链选不好，则可能陷入高费、拥堵，甚至安全隐患。要弄清"跑在哪儿、怎么跑"，就必须先认识区块链网络的组成与演进逻辑。

3.1.1 稳定币的部署环境

稳定币的第一站，往往不是银行金库，而是一条能够承载代币逻辑、储存交易记录、执行合约代码的公链平台。以下内容将分三层展开：先看主流公链如何提供"水、电、网"，再看 Layer 2 与侧链如何扩容提速，最后聚焦多链互操作性带来的新技术。

1. 主流公链平台

区块链世界就像一座座数字城市，稳定币选择在哪儿落户，决定了它能否享受完善的"市政设施"。目前三大类主流公链在稳定币圈最具代表性，如图 3.1 所示。

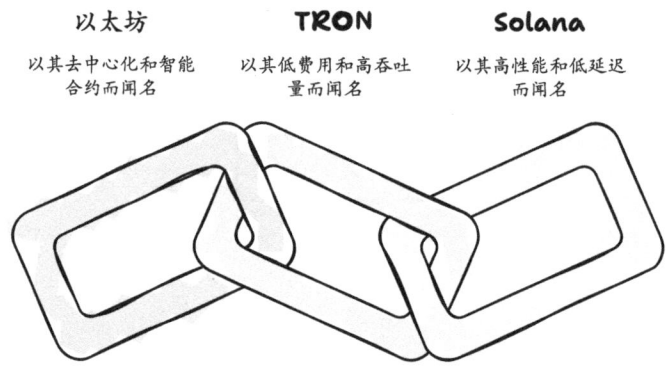

图 3.1 承载稳定币的三大类主流公链

（1）以太坊

以太坊具有良好的去中心化特性及稳定的智能合约，是发行稳定币的首选链。以太坊率先支持图灵完备的智能合约，为稳定币提供了最成熟、最安全的运行环境。USDC、DAI、FRAX 等头部项目均以 ERC-20 形态在此发行，DeFi 协议与钱包工具也首选以太坊标准。以太坊的缺点在于成本高、峰值拥堵严重，但其强大的网络效应与安全信誉，仍让大额结算和机构型资金更愿意"住在主链"。

（2）TRON

TRON（波场）以其低费用和高吞吐的特性被稳定币所广泛使用，尤其是稳定币龙头 USDT。目前，USDT 在 TRON 上的流通量已超过以太坊版本，占据东南亚、拉美等地区新兴市场的日常支付场景。平均手续费不到 1 美分，3 秒级确认速度，大幅降低了零售端门槛。不过 TRON 相对封闭，合约生态不及以太坊多元，更多承担"支付通道"功能。

（3）Solana 等高性能公链

Solana、Avalanche、BSC 等新晋公链凭借高 TPS 与低延迟吸引了 PYUSD、USDC、SPL 等新发行体。它们通过并行执行或分片方案提升性能，但也经历过停机、重组等考验。对稳定币而言，高速公路虽畅快，但仍需在成熟度、安全性与工具链生态之间平衡抉择。

2. Layer 2 与侧链的应用

当主链道路日渐拥堵时，通过"修高架"或者"开支线"成了疏导交通的必然选择，Layer 2 与侧链就是基于这种原理的常见方案（见图 3.2）。Layer 2 与侧链提供了更便宜、更快速、更具性价比的运行体验。

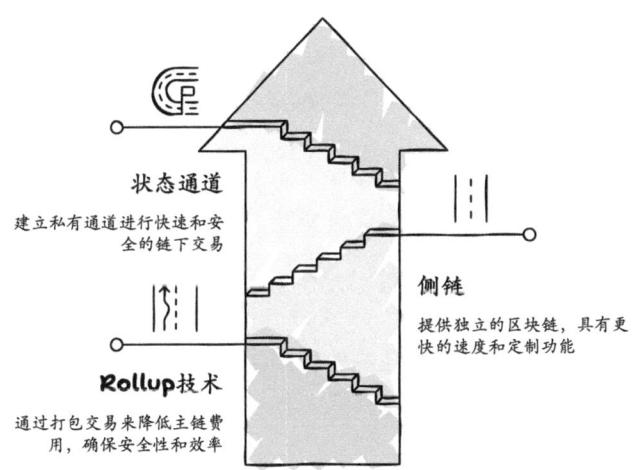

图 3.2 区块链扩展主要方案

（1）Rollup 技术

Rollup（汇总）技术是目前最具有可行性的"链上分流"技术，目标是将主网费用压缩至百分之一以内。Rollup 主要实现方式有 Optimistic Rollup（乐观汇总）与 ZK Rollup（零知识汇总）两种，它们都是将大量交易打包后一次性提交至主链。通过这种方式，验证成本被大幅摊薄。

USDC Bridged on Arbitrum、zkSync 版 USDT 等产品已在链游、DApp 微支付场景跑通。优势是安全性与以太坊共享，但提款需等待挑战期或生成零知识证明，流动性管理要更精细。

（2）侧链

侧链是与主链并行的独立区块链，它们通过双向锚定与主链相连，允许资产在主链和侧链之间转移。侧链在性能和独立性之间达到了某种"平衡"。侧链可以拥有自己独立的共识机制和区块参数，从而实现更快的交易速度和更低的交易费用，同时也能为特定应用场景提供定制化功能和更高的灵活性。

Polygon PoS 和 Avalanche CChain 就属于典型的侧链，它们采用自有验证者与桥接合约，为稳定币提供近乎中心化交易所级别的速度与成本。Visa 在 2023 年就曾测试 Polygon 上的 USDC 结算。

但是需要注意的是，侧链安全依赖自身治理，一旦共识节点恶意或桥接被攻破，链上稳定币可能受牵连。

（3）State Channel

State Channel（状态通道）是另外一种 Layer 2 扩展方案，与 Rollup 打包提交数据的方式不同，它是在参与者之间建立一个私有通道。通道内的参与者可以安全且免费地进行任意数量的链下交易，并只需在开启和关闭通道时支付 Gas 费用。

在状态通道中，双方只在开启与关闭通道时上链，过程内交易全部链下更新，适合链游内购、微任务打赏等高频交互。弱点是参与方需锁仓抵押、在线长连，对用户体验和资金效率有门槛，因此多与其他 Layer 2 并行互补。

3. 多链发行与互操作性

稳定币的最终形态，绝不会困在某一条链里。跨链桥接、消息总线、模块化区块链等技术，为稳定币"多地上市"提供了可能，也带来了新的安全与流动性挑战。

（1）跨链桥接

跨链桥接相当于资产"搬家工"，它可以将稳定币从一条区块链转移到另一条区块链上。目前，Wrapped（锁定铸造）、Burn/Mint（销毁重铸）、Native Issuance（原生多链合约）是比较主流的桥接方式。

Wrapped 方案风险集中在托管；Burn/Mint 将流动性碎片化；Native Issuance

则要求发行方为每条链维护合约与储备。USDC 的 CCTP（跨链传输协议）尝试在官方层面整合 Burn/Mint，这种方式是一种新范式的典型尝试。

（2）跨链消息层

跨链消息层可以实现从"搬砖"到"搬信息"的转变。LayerZero、Wormhole 这类项目通过构建跨链消息层让稳定币无需搬运资产，而是跨链指令直接调用。这样既减少了桥上资产池，也降低了被黑客"一锅端"的风险。但是，这种方式并不成熟，去中心化预言机与多签验证人的安全、治理、激励机制仍在迭代中。

（3）模块化区块链与 Appchain 思路

Cosmos SDK、Subnet、RollupasaService 可以让项目方可为稳定币量身定做专属链，从而掌握手续费模型与升级速率。USDC native on Noble、DAI focused Spark L2 就是这种方式的典型案例。这种方式的优势在于可定制合规与性能，劣势是要自行引流、维护安全预算，对发行方运营能力提出更高要求。

正是在以上这三层技术基础设施的不断演进和拼接中，稳定币才得以跨越国界、链界与场景边界，既保持价值锚定，又实现高效、低摩擦的全球流通。

3.1.2 智能合约运作原理

稳定币的价值稳定与高效运转，核心依赖于智能合约的预设规则与自动执行能力。因此，要想深刻理解稳定币的运作逻辑必须要明白其背后智能合约的技术运行原理。

1. 稳定币合约的核心逻辑

稳定币合约是区块链上自动运行的代码系统，其核心逻辑是通过预设规则实现价值稳定与有序流通，具体体现在三个层面，如图 3.3 所示。

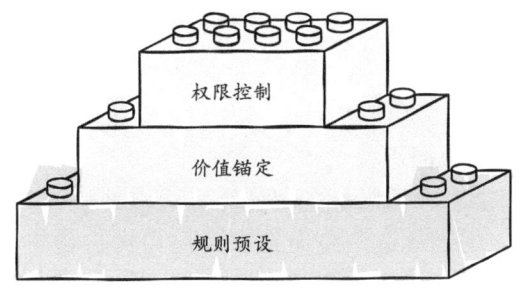

图 3.3　稳定币合约的核心逻辑

(1) 规则预设与自动执行

合约在部署时便写入了所有运行规则，包括价值锚定标准、用户操作权限、异常处理机制等。这些规则一旦上链便无法篡改，且会在满足条件时自动触发，无需人工干预。例如，当用户存入锚定资产时，合约会自动验证资产到账情况，并按比例生成稳定币。

(2) 价值锚定的代码实现

为实现与锚定物（如法币、加密资产）的价值绑定，合约中会嵌入锚定物价格的实时获取接口（如链上预言机），并通过代码定义价值偏离的容忍范围。当稳定币价格超出范围时，合约会标记这一状态，为后续调节机制提供触发信号。

(3) 用户交互的权限控制

合约明确了用户可执行的操作边界，如普通用户仅能进行铸造、赎回、转账等基础操作，而参数调整（如锚定物比例修改）通常需要多节点共识或管理员权限。这种权限划分通过代码固化，确保合约运行的安全性与合规性。

从核心逻辑的规则设计，到实际价值稳定的落地，需要一套动态调节机制来应对市场波动。这一机制的核心，便是稳定算法与自动调节功能。

2. 稳定算法与自动调节

稳定算法是合约实现"价值纠偏"的核心工具，通过实时监测与指令自动触发，维持稳定币价格在合理区间，具体包括：

(1) 供需监测的实时机制

合约会持续采集链上交易数据（如稳定币流通量、买卖订单深度）与锚定物价格数据，通过内置算法计算当前供需平衡状态。例如，当流通量远大于市场需求时，算法会判定为"供过于求"，并标记需要收缩供给。

(2) 调节指令的触发条件

算法中预设了明确的触发阈值，如当稳定币价格较锚定物偏离±2%时，自动触发调节指令。常见指令包括：当价格过高时，增加稳定币供给（如允许更多铸造）；当价格过低时，减少流通量（如触发销毁机制）。

(3) 多维度平衡的协同逻辑

单一调节手段可能存在局限性，因此算法通常会整合多种策略。例如，除直接调节流通量外，还会通过调整质押率（用户铸造稳定币需质押的资产比例）、激励套利行为（让用户通过低买高卖获利以推动价格回归）等方式，形成多维度的平衡合力。

稳定算法的调节指令，最终需要通过具体的链上操作来落地——铸造与销毁机制便是执行这些指令、调控流通总量的核心手段。

3. 链上铸造与销毁机制

铸造与销毁是稳定币流通量动态调整的直接方式，由合约按预设规则自动执行，确保每一枚稳定币的生成与消亡都可追溯、可验证，具体流程包括：

（1）铸造的触发条件与流程

铸造即生成新的稳定币，触发条件通常包括：用户存入足额锚定资产（如1美元等值的 USDC）、算法判定需增加流通量以稳定价格。

流程为：用户提交铸造申请→合约验证锚定资产到账→按比例生成稳定币并发送至用户地址→链上记录铸造记录（含数量、时间、申请人）。

（2）销毁的验证与执行步骤

销毁即减少流通中的稳定币，触发条件包括：用户申请赎回锚定资产、算法判定需收缩流通量。

步骤为：用户提交销毁申请并转入待销毁稳定币→合约验证稳定币合法性（如是否为有效铸造的币种）→销毁对应数量的稳定币（从链上账本移除）→释放等值锚定资产给用户→链上记录销毁记录。

（3）总量调控的闭环设计

铸造与销毁并非孤立操作，而是形成"总量监测—算法指令—操作执行—效果反馈"的闭环。例如，当销毁后稳定币价格回归锚定价值，合约会停止销毁指令；若铸造后价格仍偏高，则会触发进一步的调节策略（如提高质押率），确保总量与市场需求动态匹配。

3.1.3 如何更快更便宜

稳定币要想在日常支付、跨境转账等场景中普及，必须解决交易速度慢、手续费高的问题。从优化手续费的细节，到借助 Layer 2 技术提升效率，再到跨链场景的顺畅衔接，这些方法共同推动稳定币变得更易用。

1. 手续费优化与 Gas 管理

使用稳定币时，手续费（区块链中常说的"Gas 费"）是绕不开的成本，而合理管理 Gas 费能让交易更划算。这需要从影响手续费的因素入手，找到针对性的优化办法。

（1）影响手续费的关键因素

手续费高低主要由三个因素（见图3.4）决定：一是网络拥堵程度，交易越多越挤，手续费就越高；二是交易的复杂程度，简单转账比复杂的合约操作手续费低；三是用户设置的Gas价格，愿意多付钱，交易确认就更快。

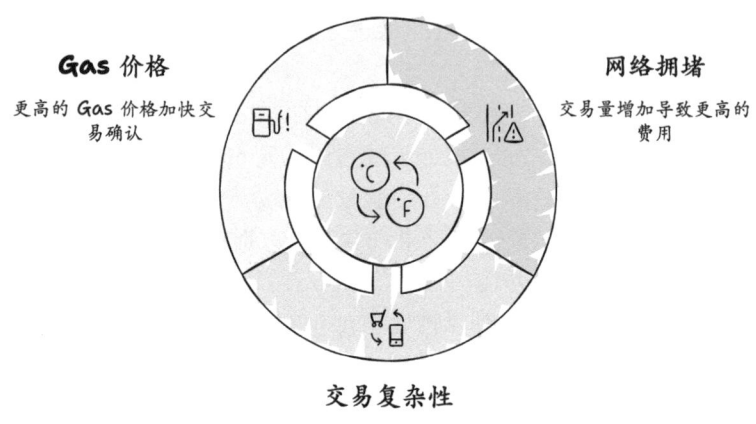

图3.4　影响手续费的三个因素

（2）常见的手续费优化策略

稳定币通过多种方式降低手续费，如简化交易数据、减少不必要的信息存储、让交易"变轻"；在网络不拥堵的时段，推荐用户使用较低的Gas价格；把多笔小交易打包成一笔处理，摊薄每笔的费用。

（3）智能合约的Gas管理机制

一些稳定币的智能合约会自动适配网络状态，如在交易高峰时提醒用户是否接受较高手续费以快速完成交易；在低谷时，自动选择低成本模式，帮用户平衡速度和花费。

2. Layer 2 支付与批量结算

Layer 2就像主链之外的"快速通道"，能让稳定币交易更快、更便宜，尤其适合大量交易集中处理的场景。

（1）Layer 2的批量交易原理

Layer 2不把每笔交易单独传到主链，而是先在自己的网络里收集大量稳定币交易，打包成一个"交易包"，再把这个包的结果同步到主链。这样一来，主链的压力变小，每笔交易分摊的手续费也大幅降低。

(2) 支付速度的提升方式

在 Layer 2 上,稳定币交易不用等主链慢慢确认,而是由 Layer 2 自己的节点快速验证,几秒钟就能到账。只有当用户需要把资产转回主链时,才会和主链交互,平时的小额交易都能在 Layer 2 里快速完成。

(3) 批量结算的适用场景

像电商平台的批量订单支付、工资的批量发放等场景,用 Layer 2 的批量结算特别合适。例如,某平台要给 1000 个用户发稳定币奖励,通过 Layer 2 打包处理,手续费可能只是主链单独处理的百分之一。

3. 跨链桥与支付通道

当买卖双方位于不同公链或侧链时,稳定币若想"即发即达",必须依赖安全、快速且流动性充裕的跨链设施。当前产业实践主要分为两类:锁仓铸币桥与流动性网络,同时辅以去中心化支付通道满足频繁往来需求。

(1) 锁仓铸币桥

用户在源链锁定资产,目标链同步铸出等值代币。LayerZero、Wormhole 等方案已将平均等待时间缩短至一分钟以内,且手续费往往不超过 0.2 美元。

(2) 流动性网络

桥接方在多条链预存稳定币,实现"直接兑换+即时转移"。Synapse、Celer 等项目通过动态调节两端储备比例,进一步压缩了成本与时间。

(3) 双向支付通道

第三层思路是对"高频、微额"场景实施链下签名、最终链上结算。双方先在主链开立保证金通道,小额交易仅通过线下信息交换即可完成确认;当余额需要结算时,再以两笔主网交易关闭通道并结算差额,显著减少链上操作次数。

3.2 用技术实现可信保障

稳定币的可信不是靠承诺赢得,而应该靠技术守住。储备是否真实、资金是否隔离,不能只靠人说了算,而要写进制度、写进代码、写进不可篡改的流程里。真正让人安心的,不是某个机构的信誉,而是冰冷却可验证的技术体系。

3.2.1 传统储备托管

稳定币之所以能被称为"稳定",根源在于它背后有等值资产的支持。而在法币储备模式中,这些支撑资产通常由中心化机构集中管理,因此我们称之为"托管型"稳定币。储备资产的质量和透明程度,直接决定了用户是否愿意相信这类稳定币的价值不变。要理解传统储备托管机制的底层逻辑,需要拆解它的组成结构、资金流路径和信任来源。

1. 储备资产的集中信任基石

所谓集中管理,指的是由单一机构或极少数中心化实体统一管理用户所换入的资产储备。这里的"集中"是相对于"去中心化"而言的,强调储备资产不是分布在多个智能合约或用户控制的钱包中,而是集中托管于一个或多个中心化账户中。

这套集中式信任机制(见图 3.5)之所以能够运转,背后依赖的是一整套针对资产配置、账户结构与兑付规则的技术性安排。这种结构既是风险源,也是信任基础。

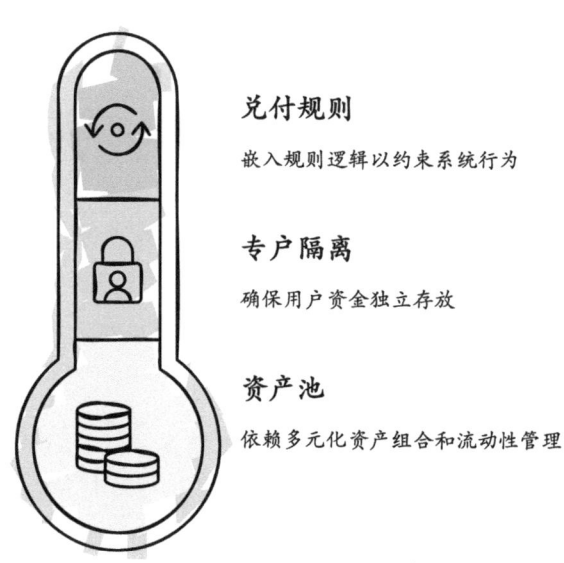

兑付规则
嵌入规则逻辑以约束系统行为

专户隔离
确保用户资金独立存放

资产池
依赖多元化资产组合和流动性管理

图 3.5 集中式信任机制

(1) 多元化资产组合与高流动性管理

稳定币的背后并不是单一的法币现金，而是一个经过精心设计的"资产池"，其中包含了多种高流动性资产。发行方通常会将用户换入的法币集中存放于专用托管账户，并进行多元配置：现金、T+0 商业存款、T-Bills（短期美国国债）、Repos（回购协议）等。这种组合不仅能保障随时赎回，也能产生一定的利息回报，用于覆盖运营开支。

技术上，这种配置管理依赖的是 Liquidity Ladder（资产流动性模型）。简单来说，发行方通过建模计算每日赎回高峰、平台日均交易额和历史挤兑曲线，为储备资产的"期限分布"建立精细化预案。例如，系统会设定最少 20% 为"实时可兑资金"（即银行即期存款或 T+0 资金），另外 40% 为短期国债（T+1～T+3），剩余资产可投入略长期但低风险的投资标的。在实际操作中，这些决策可能由 TMS（资产配置引擎）自动执行，设有动态再平衡机制，保障资金不被过度挪用或过度固化。

(2) 专户隔离与资金穿透结构

储备的安全不仅取决于资产类型，还取决于其"归属逻辑"是否明确。传统托管机制的核心是"专户隔离"原则，即用户资金必须独立存放，不得与发行方的自有资产混用。这通常通过信托账户结构或第三方银行托管账户来完成。技术实现层面，发行方需将托管账户的资金流与区块链上的铸币操作绑定，从而建立清晰的账实匹配关系。

更进一步，一些头部项目还引入了"资金穿透"技术，即对每笔用户资金生成一个链下 UUID（通用唯一识别码）或交易 ID，并与链上代币发行时间、地址、数量建立映射关系。这种穿透结构常见于双账本模型，通过数据库映射表或"链下索引中间件"实现对每一笔资金的定位与追溯。

为了提升安全性，部分项目还部署了多重审批机制与资金调拨限额机制。例如，任何一笔超过 1% 总储备的资金划拨必须经过多签审批流程，并在系统日志中留痕。类似"提款阈值""黑名单银行预警"等规则也被编码写入资金调拨引擎中，以防止高风险操作。

(3) 兑付规则内嵌式约束

传统储备托管机制并非完全靠人为判断维持稳定，而是构建了"内嵌规则逻辑"来约束系统行为。这类逻辑一般集成在后台风险控制模块中，并与托管账户的实时数据打通。一旦系统检测到"储备金低于安全阈值"或"链上流通超过储备覆盖率"，就会自动触发一系列动作：暂停新币铸造、标记异常账户、推送链上提示等。

例如，USDC 的发行方 Circle 后台接入了自动清算状态检查器，每日与银行 API 对账一次，一旦出现未结余额与链上发行量不符的情况，系统将锁定新发操作，并将该事件上链记录，供审计调用。这种机制在技术上类似于"State Trigger Functions"（状态触发器），它将某些业务规则编码为可执行条件，防止系统在无人监管时出现大规模偏差。

虽然这些措施本质上属于"中心化控制"，但通过技术化的标准流程，提升了整体系统的预期透明度与操作稳定性。在未来，"自动治理"的比重可能会进一步提升，形成更成熟的监管科技模型。

2. 银行系统与链上逻辑的技术接驳

只有实现链下资产与链上代币之间的高效协同，才能保障每一枚稳定币都"有据可查、有钱可兑"。为此，稳定币项目在技术上建立了一整套跨系统接口，从银行数据的自动抓取、到多账户的集中汇总、再到链上账本的实时比对，构成了一道道"看得见的安全屏障"。

（1）银行 API 接口的数据自动同步

传统储备虽然位于链下，但为了与链上系统保持一致性，稳定币项目会与银行合作，打通接口，定期拉取托管账户的余额数据。部分主流稳定币（如 USDC）甚至做到每日数据同步，并将结果用于链上对账。

通过银行 API 将数据实时传入发行方后台，再比对当前区块链上的总发行量，系统可以在第一时间发现异常，并进行风控干预。整个流程尽量减少人工参与，提高透明度和准确性。

（2）多银行分散托管与数据整合

为分散风险，许多项目会选择多家银行分别托管储备资产。例如，USDC 同时使用 Silvergate、BNY Mellon、Customers Bank 等作为储备银行。发行方需要搭建统一的数据接收模块，将各家银行传回的数据进行整合，再上传至链上或面向用户发布报告。

这类数据整合通常通过后端微服务系统完成，支持多账户聚合、自动归类、异常检测等功能，是实现稳定币"实时可信"的重要技术支撑。

（3）与链上账本的自动对账机制

银行数据同步后，下一步是与链上账本进行自动化比对。系统根据"发行上限"和"储备金总额"建立绑定规则，任何超过余额限额的铸币操作都会被拒绝。部分平台还会设置阈值，如当链上发行总额即将接近链下储备限额的 80%

时，系统提前发出预警，提醒相关团队处理。通过这一机制，实现了中心化系统与链上规则的技术融合。

3. 审计与透明度的技术强化

尽管稳定币发行方搭建了较为严密的链下托管体系，并通过银行接口与链上系统建立联动，但对于用户而言，真正的"安全感"还需要来自更直观的透明度保障。尤其在传统储备结构中，大量关键数据仍处于"黑箱"之中，用户难以直接验证资金是否确实存在、是否被合理使用。

这种天然的不对称，使得"信任外包"成为一种必须依赖的中间机制。为了缓解这一问题，许多项目引入了独立审计、哈希快照、零知识证明等新技术手段，在保障数据隐私的同时，最大程度释放出公开可验证的信息。

（1）定期审计报告与链上公布机制

传统储备由于存在"链下黑箱"问题，因此外部审计成为核心补充机制。多数主流稳定币会每月或每季度邀请第三方会计师事务所进行资产审计，确保储备金充足、未被挪用，并出具审计报告。

为了提升透明度，有些项目将审计摘要或哈希值上传至链上，虽然用户看不到具体金额，但可以通过对比验证审计报告未被篡改，增强信任。

（2）哈希快照与时间戳证明

另一个常用技术手段是"哈希快照"。每天自动抓取银行账户余额数据并生成哈希值，这一哈希被记录在区块链上作为"时间戳证明"。用户可以通过验证哈希一致性来间接验证当天数据未被修改。

这种做法虽然不能替代全透明，但在保护商业隐私的前提下，也实现了"部分可验证"的效果，是中心化机制与区块链审计思想的结合。

（3）零知识储备证明

随着技术进步，一些项目正在尝试用"零知识证明"构建下一代储备验证方案。其核心思路是在不透露具体储备细节的前提下，通过加密算法向公众证明："储备资产确实大于等于流通量"。

这种方案尚处于实验阶段，但一旦成熟，有望彻底解决"用户无法验证储备"的长期难题，为传统储备托管模式带来跨越式信任升级。

3.2.2 链上储备证明

尽管传统托管模式可以带来一定程度的信任基础，但本质上依然是一种"外部证明"，用户仍需依赖中介机构的声誉与合规性。链上储备证明则试图打破这种依赖，让储备信息回归可验证、可追溯、可自动核查的技术逻辑。通过密码学结构、区块链智能合约与数据可视化系统的配合，稳定币的储备体系正在逐步实现"自己验证自己"。这部分技术的演进，不仅推动了可信金融的建设，也将"信任"从口头承诺转化为技术化的事实。

1. Merkle 树与零知识证明

链上储备证明的核心任务是如何在"不泄露用户隐私"的前提下，公开和验证整体资金情况。Merkle 树正是为这一目标量身定制的密码学结构。

（1）树状账户结构

在 Merkle 树中，每个用户的账户余额作为"叶子节点"，通过哈希计算两两合并，最终汇总为一个"根哈希"。这个根哈希即代表当前所有储备的加密映射。当用户想验证其资产是否被包含在储备中时（见图 3.6），只需提供"路径哈希"，系统便可回溯出根哈希，确认其存在性，且无需暴露他人信息。

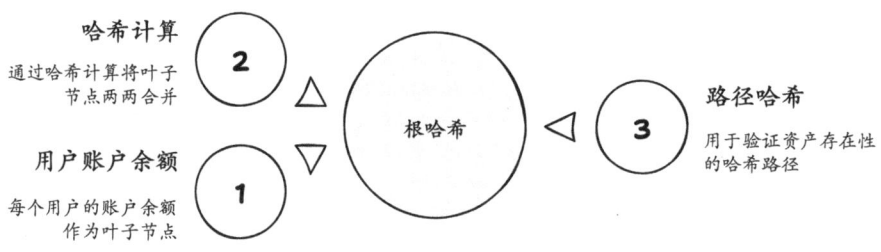

图 3.6　用户验证资产存在性

（2）公开验证

Merkle 树的最大优势在于：既可以让所有人验证"储备充足"，又不会泄露单个账户的资金明细。这种"公开验证但隐私保留"的特性非常契合稳定币的结构需求，尤其适用于大规模用户基础的场景。

（3）零知识证明的增强路径

一些先进项目更进一步，引入了零知识证明，使验证过程无需泄露任何数值本身，只通过密码学方式完成储备真实性确认。这一技术方向仍在早期，但其潜力在于让"链上储备透明"与"用户隐私保护"同时成立，为未来更大规模应用奠定基础。

2. 链上实时资产展示

静态的审计数据无法应对实时变化的市场。链上储备证明的另一个关键目标，是实现动态数据的可视化，让用户随时"看到"储备的状态。

(1) 自动发布机制

当储备发生变动（如新增资金入账、用户大量兑换）时，系统会触发智能合约将更新后的状态（如银行报告摘要、资产分布、最新根哈希等）上链，并自动记录时间戳。这使得用户可以第一时间掌握系统的资产波动情况，而无需等待月度报告或审计通告。

(2) 可视化仪表盘

许多稳定币项目已经构建了"储备可视化仪表盘"，用户可以在网页或钱包界面中查看最新的储备比例、资产构成、总量变化曲线等图形化信息。这些信息全部源自链上公开数据，任何人都可以比对验证，提升信任感。

(3) 去中心化托管

为防止项目方"选择性展示"信息，一些项目将展示用的数据也交由去中心化存储网络托管，如 Arweave、IPFS 等。用户不再依赖某一个官网或页面，而是可以通过浏览器插件、链上数据索引器独立提取数据，自行分析判断。

3. 储备不足风险提示

再完美的储备结构也存在运行中的偶发风险。因此，链上储备证明系统也需具备风险预警功能，及时发出信号，避免信任崩塌。

(1) 链上阈值监控机制

系统可设定特定的储备阈值规则。例如，当储备比例低于 105%、法币账户余额降至某一比例、用户短时提现量异常放大等，便自动触发链上提示标记。此类机制由合约自动执行，不受人工干预，提升了告警的及时性与公正性。

(2) 暂停铸造功能嵌入

部分项目将"储备不足时暂停铸币"写入合约逻辑中。一旦触发阈值，系统会暂停新的稳定币发行，或自动锁定治理流程，防止在风险状态下继续放大问题。这类"技术内嵌式风控"是链上证明的重要一环。

(3) 社区参与的审计治理

更去中心化的设计会引入"多签审计机制"或"社区质询模块"，即任何人若发现储备信息与链上状态不符，可提交质疑提案，触发审查流程，甚至暂停合约运行。虽然目前仍在尝试阶段，但这种机制显示出链上信任的治理边界正在拓展。

3.2.3 预言机

如果说稳定币是一个由智能合约驱动的系统引擎,那么预言机就是这个系统的"感官",它专门负责接收链外世界的数据,特别是价格信息。我们日常看到的"1 枚 USDC = 1 美元",其实只是一个数字表达,背后真正让这个价格"浮动合理""更新及时""不能被操纵"的,正是预言机系统默默运作的结果。

稳定币的价格挂钩需要依赖真实世界的汇率、利率、资产价格等数据,而区块链本身无法直接访问链外信息,因此预言机便成为连接"链内"和"链外"的关键桥梁,如图 3.7 所示。

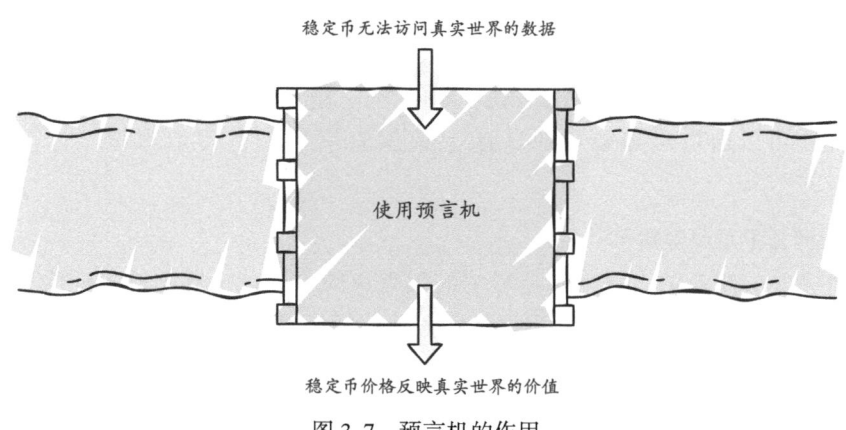

图 3.7 预言机的作用

1. 去中心化喂价机制

在一个稳定币系统中,价格数据的准确性和公正性关乎整个运行机制的成败。如果数据被操控,哪怕底层算法再精妙,也可能在瞬间引发清算风暴或失控脱锚。因此,为了从根本上避免单点故障和恶意篡改,预言机机制的设计必须向"去中心化"靠拢,并通过多节点协作、多源校验等方式确保链上价格的安全可信。

(1)预言机的核心功能

预言机的主要职责是将链下数据喂给链上智能合约,供其执行逻辑判断与条件触发。在稳定币系统中,这通常表现为"喂价"功能,即将美元、欧元、黄金等价格数据通过链上接口发布。核心指标包括:数据来源的权威性、传输频率、响应速度,以及调用的可验证性。链上合约不会"相信"数据,而是会校验来源、结构和时间戳，只有通过验证的数据（见图3.8）才会被采纳。

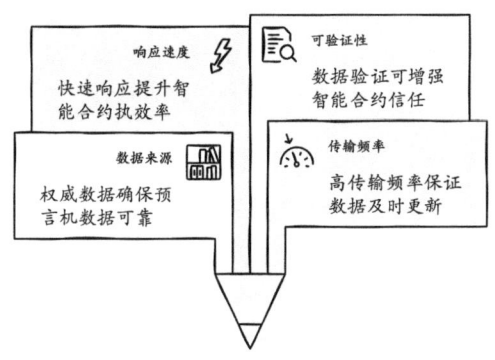

图3.8　预言机的数据验证

（2）去中心化预言机网络

与传统API服务不同，稳定币预言机往往采用多个节点共同参与喂价，常见的如Chainlink、Pyth Network、Band Protocol等。它们将来自多个数据源的信息进行加权平均，并通过阈值签名、多重验证等方式进行共识确认。例如，Chainlink通常会设定"最低N个节点一致"或"最大偏差值不超标"作为触发标准，以防止个别节点上传异常数据。

（3）多源汇聚与加权算法

技术上，去中心化预言机常用中位数算法、可信权重模型或滑动均值模型来综合多个源头的数据。中位数机制可防极端值扰乱系统，权重模型则给予高信誉源更大影响力。滑动平均值在剧烈波动市场中可平滑更新频率，避免短时失真。这些算法在每笔"价格喂送"中自动运行，形成可追踪、可验证的计算路径。

2. 延迟性与抗攻击设计

预言机最大的不确定性在于其"窗口期"，即数据从链外收集、汇聚、上传到链上这段时间，系统处于"半信任"状态。因此，如何降低延迟和规避攻击，是稳定币设计中的关键考量。

（1）时间延迟与链上同步机制

在区块链系统中，一次链上调用价格，背后可能已经是几秒钟前的数据。虽然这在日常应用中问题不大，但在DeFi借贷、清算或套利中，这种延迟会被攻击者利用。解决方式包括增加喂价频率、引入"心跳"机制强制刷新数据，以及使用"链上缓存"避免重复请求。

（2）闪电贷与价格操控攻击

闪电贷是一种利用区块内短暂流动性进行交易的技术，被攻击者用于操纵低质量预言机的数据路径。例如，攻击者在一个预言机上传异常数据，诱导系统低价清算抵押品。应对策略包括多预言机交叉验证、引入链下预警系统、设置价格更新的上下限幅度等。

（3）链上-链下双轨监控系统

某些稳定币系统采用链上"价格喂价"和链下"监控辅助"的双轨系统，一方面依靠智能合约自动接收预言机输入，另一方面在后台运行独立价格追踪脚本，一旦发现异常幅度超过阈值，可自动发出告警、延迟清算或暂停合约操作。这种"技术加保险"的方案，已被多个主流平台采用。

3. 审计机制与备用路径

再严密的技术也不是万能的，系统还需要在极端情况下保持运行稳定。因此，审计机制和备用路径是预言机设计中不可或缺的一环。

（1）预言机数据审计与留痕

预言机的所有数据喂送应被完整记录在链上，包含每一笔数据的来源、时间戳、签名节点等信息。审计系统可以对这些记录进行周期性分析，识别潜在偏差、节点出错或恶意行为。部分项目甚至将这些审计数据公开，供外部机构或用户验证。

（2）价格失效时的备用路径

一旦主预言机服务中断或数据异常，系统可自动切换至 Fallback（备用路径）。这可能是另一个预言机服务商，也可能是过去 24 小时均价的缓存计算结果。备用路径需要预先部署，并在紧急情况下由合约自动触发，避免人为干预。

（3）去中心化治理与参数可调机制

预言机的参数，包括更新时间频率、容忍偏差值、节点名单等，应允许由去中心化治理模块调整。通过投票或治理合约，用户社区可以应对新的攻击模式或市场结构变化，确保预言机系统具备进化能力。这种"自动化+社区参与"的技术架构，正在逐渐成为行业共识。

3.3 黑客猖獗，如何建立安全护盾

稳定币系统表面看似流畅，但背后却是"处处埋雷"。与传统金融封闭的系统不同，稳定币直接暴露在公开区块链上，每一行合约、每一笔资产、每一个

接口,都可能成为攻击者的目标。从智能合约漏洞、喂价操控,到跨链桥攻击、权限泄露,技术风险无处不在。

因此,稳定币必须在技术架构上建立起坚固的"安全护盾",这一护盾不仅要挡得住黑客的进攻,也要能适配监管要求,应对未来演进。

3.3.1 智能合约的安全

智能合约是稳定币系统的底层引擎,一旦部署就无法更改,因此它的安全性必须在上线前就做到极致。攻击者不会等你修补漏洞,而是盯着你的每一行代码寻找"破绽"。

1. 智能合约常见漏洞

在设计安全方案之前,首先必须了解合约中常见的漏洞类型(见图3.9),以及历史上的典型攻击案例,以吸取教训、防患未然。

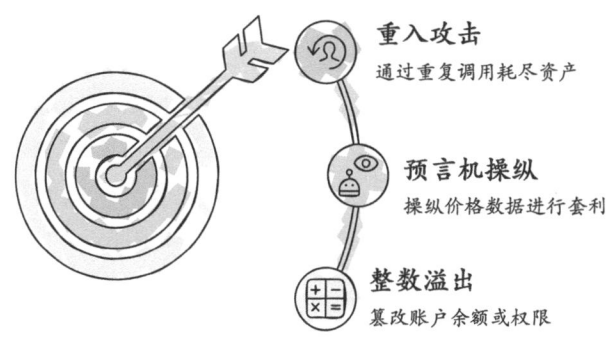

图 3.9 智能合约常见漏洞

(1)重入攻击

"重入攻击"是智能合约中最"臭名昭著"的漏洞之一。简单来说,它的原理是在提款操作中合约未设置安全检查或更新状态顺序错误,攻击者便可利用恶意合约反复调用提款函数,快速耗尽合约内资产。

历史上最经典的案例当属2016年发生的以太坊"The DAO"事件,该事件直接导致360万枚ETH被盗,最终促使以太坊进行了硬分叉。

(2)预言机操纵

稳定币或DeFi合约通常需要通过预言机获取外部资产价格。一旦攻击者操纵或干扰链下价格数据输入,就能通过制造虚假的价格信号实现套利甚至资产盗取。

2022年，著名的DeFi平台Mango Markets遭受预言机价格操纵攻击，黑客通过在低流动性市场中大幅拉升资产价格，使合约误判抵押品价值，并成功盗取价值超过1亿美元的加密资产。

（3）整数溢出

智能合约依赖于编程语言（如Solidity），其数据存储存在数值范围限制。一旦未对输入数据进行充分检查，攻击者可利用"整数溢出"漏洞篡改账户余额或绕过权限验证。

2018年，"BEC代币"事件中，攻击者通过整数溢出漏洞，在短时间内将自己的代币余额增至天文数字，导致该代币一夜之间变得毫无价值。这些血淋淋的教训让人明白，"细节决定成败"在智能合约中尤为贴切。

2. 智能合约安全审计

在理解合约漏洞类型后，下一步要建立的是系统化的安全审计与全面的测试机制，以确保代码质量达到最佳标准。

（1）第三方专业机构审计

任何严肃的稳定币项目都会与多家业内公认的权威审计机构合作，进行详细而全面的代码审查。审计机构通常会采用人工逐行审阅和自动化工具扫描相结合的方式识别潜在漏洞和风险点。同时，为鼓励安全社区的积极参与，项目方通常会设立高额漏洞赏金，激励白帽黑客提前发现隐患。

例如，稳定币项目USDC每一次合约重大升级前都会邀请多家安全公司进行交叉审计，并公开审计报告，让所有用户了解其安全状态。

（2）自动化安全工具检测

除了人工审计外，开发者还应借助自动化安全检测工具（如Mythril、Slither、Securify）对合约进行反复扫描。这些工具可高效识别潜在风险，并对常见漏洞类型（如重入攻击、整数溢出、权限控制等）自动标记。此外，形式化验证方法可以用数学化证明方式确保关键逻辑完全符合设计预期，大大降低逻辑错误的风险。

以DAI稳定币项目为例，开发团队使用形式化验证工具对关键抵押赎回逻辑进行了严格证明，从而确保了合约长期以来的安全稳定运行。

（3）全方位沙盒环境模拟

审计通过后的合约也并不意味着绝对安全，项目方需要在测试网或沙盒环境中进行大规模的压力测试和模拟攻击。如模拟黑客进行闪电贷攻击、大量资金进出、极端交易路径等，确保合约在各种复杂、异常的环境下表现正常。

一个成功的案例是 Aave 稳定币项目，其在上线前进行了长达数月的影子主网运行，以真实网络环境进行模拟，最终成功避免了重大安全隐患。

3. 监控与应急响应

审计和测试再严格，也不能保证合约永远安全。因此，智能合约上线后的实时监控与高效应急响应机制是最后一道安全防线。

（1）链上实时监控与风险预警系统

合约项目方通常会建立实时链上监控系统，密切关注异常交易模式、大额转账、Gas 费用异常波动、预言机数据异常等指标。一旦异常触发预警，系统会自动执行初步防范措施，如冻结提款操作或限制大额铸币，防止事态扩大。

例如，2023 年起，USDT 官方链上监控平台实现了全天候的异常交易自动报警机制，极大提升了响应速度和安全水平。

（2）多重签名与紧急管理工具

在出现严重紧急情况（如大规模攻击或资产流失）时，项目方通常会部署"多重签名合约"和紧急管理员权限，快速冻结资金、暂停合约交易和铸币功能。虽然这一定程度上牺牲了去中心化，但在保障用户资产安全方面是不可或缺的应急措施。

例如，Sky Protocol 在合约设计中便设置了多重签名应急机制，一旦发现安全隐患，管理员可以立即触发暂停功能，保护用户资金安全。

（3）紧急合约恢复与升级机制

现代智能合约设计普遍采用"代理合约模式"，允许未来在不影响用户资产的情况下进行安全升级或紧急恢复。当发生安全问题时，项目方可迅速切换到新的安全版本，避免用户资产遭受永久损失。

例如，以太坊生态中广泛使用的 OpenZeppelin（一个开源的以太坊智能合约框架）代理合约模式，使得无数项目能够在出现漏洞时快速响应、及时修复，而不会引发资产损失。

3.3.2 合规追踪与可监管设计

技术安全是一道防线，而合规设计则是另一重护盾。在稳定币的发展过程中，单靠"去中心化"不足以赢得全球市场的信任，必须让监管看得见、查得清、控得住，才能真正走向主流金融体系。这并不意味着牺牲用户隐私和开放性，而是通过技术手段建立"可监管但不滥监管"的架构。

稳定币项目需要在合规与自治之间找到平衡，既要让项目保持高效运作，又要为司法调查、反洗钱审查、金融风险防控预留必要接口。稳定币的合规框架如图 3.10 所示。

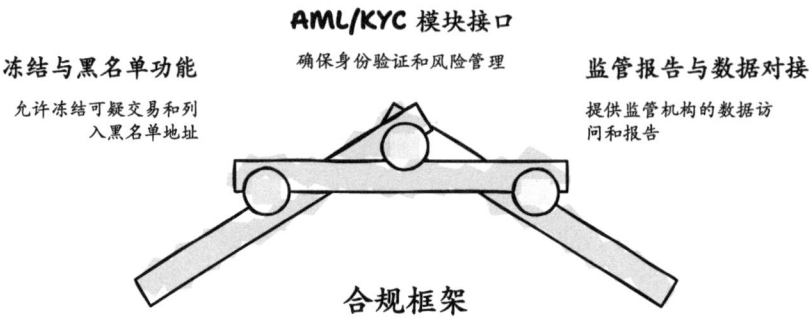

图 3.10　稳定币的合规框架设计

1. 冻结与黑名单功能

稳定币项目为了应对违法使用、黑客盗币或制裁要求，通常会在合约层预留"冻结机制"，并支持将特定地址列入"黑名单"。

如果某个用户的稳定币被盗走了、用于犯罪，或者来自一个受制裁国家，系统有没有办法"叫停"时，就需要冻结和黑名单功能。

（1）冻结功能是为了止损

一些稳定币（像 USDC）在后台设置了一个"紧急刹车"功能。例如，某个地址的钱来自诈骗、黑客攻击，那么项目方可以让这个地址的稳定币"无法转出"——就像银行卡被冻结了。这个机制是写进合约代码里的，由被授权的"管理员"操作。

这虽然听上去很"中心化"，但在现实中却是一种合规的基本配置。因为一旦出事，监管希望有人"负责任"地站出来阻止风险蔓延。

（2）黑名单不是随便建立

真正的合规项目不会随便把项目放进黑名单，它们会在链下（也就是区块链之外）通过风控系统、行为监测来判断哪些地址值得警惕。然后由一个小组（如多签名管理员）讨论决定，定期把"问题地址"更新到链上的黑名单中。

这种机制比"一个人拍板就冻结"要安全得多，也可以避免误伤。

(3) 销毁非法发行的稳定币

如果有些稳定币是被"非法铸造"的，如系统漏洞、黑客攻击造成超额发行，项目方可以在得到司法允许后把这些币"销毁"，就像是把钱打进了"黑洞"，彻底作废。这一步通常也会设置多重控制机制，确保不是被滥用。

2. AML/KYC 模块接口

打通监管通道的关键，不在于控制每一笔交易，而在于理解"谁在使用、怎么使用"。这就需要与现有金融监管流程兼容的身份识别与资金流追踪机制。

(1) 模块化身份识别设计

很多合规型稳定币，如 PYUSD 或 EUROC，会要求用户提前在链下完成身份验证，确认用户不是恐怖组织、诈骗集团，也不是某个被制裁国家的居民。

验证完成后，用户的钱包地址会被标记为"合规通过"。系统只允许这些地址参与稳定币的铸造、交易或赎回。这个机制就像"白名单"：能不能用稳定币，后台一查就知道。

有些项目甚至会使用更高阶的方式，如"零知识证明"，可以在不泄露个人信息的前提下，证明是合法用户，但不告诉你我是谁。

(2) 链下身份服务与链上交互

身份验证往往由链下合规服务商完成，如 Jumio、Onfido 等平台，验证结果上传至链上只保留"状态位"或哈希指纹，避免隐私泄露。链上合约通过调用验证状态接口，判断是否允许执行交易操作，既兼顾了隐私保护，又满足了监管合规要求。

(3) 动态风险等级管理

一些合规项目还设计了"用户风险评分系统"，根据资金来源、交易频率、地域分布等维度为地址打分，并将结果反馈至合约层执行不同权限控制。例如，高风险地址的日交易额度自动受限，或需额外身份验证方可继续操作。

3. 监管报告与数据对接

稳定币若想进入主流金融体系，不能只把监管挡在"接口之外"，更要主动提供系统性的数据对接方案。

(1) 交易审计数据接口

技术上，稳定币项目通常提供 API 或链上事件日志，供合规系统实时拉取数据，包括每日铸造、销毁、转账总额等，帮助监管实时掌握系统运行状况。部分合约还加入交易"标签系统"，如标记交易用途、参与方性质，增强审计深度。

(2) 多链部署下的统一报送

当稳定币跨链部署至多个公链后，监管报送更需统一架构。主流方案是设计"中控节点"，通过监听各链交易事件再进行标准化处理后统一报送。例如，Circle 的合规系统会整合所有链上的 USDC 铸造销毁数据，生成统一格式供审计方使用。

(3) 与传统金融合规平台接轨

未来，稳定币项目将不可避免地接入全球监管平台，如 FATF（反洗钱金融行动特别工作组）所指定的专门用于虚拟资产交易的计算机网络。所以，从技术上讲，稳定币合约要能与这些系统打通数据格式、加密协议及身份映射逻辑，形成链上链下联动的完整合规闭环。

3.3.3 未来技术趋势

稳定币的安全与合规设计并非一劳永逸。随着技术演进和监管环境的变化，传统的"黑名单""人工审计"等手段已逐渐难以满足复杂环境下的稳定运行需求。未来，稳定币将进入"模块化""智能化""隐私兼容"并存的新阶段，不再只是防守型的"盾"，而是可进可退、弹性灵活的"安全操作系统"。

1. 模块化合约与可插拔设计

稳定币项目就像一辆正在高速行驶的车，不能动不动就"熄火升级"。未来的合约架构，必须做到"随用随插""需要什么加什么"，这就需要模块化和可插拔的合约设计。

(1) 不同功能拆分为"积木块"

例如，合约中负责冻结的、审计的、身份验证的、安全监控的，都可以是独立模块，各自负责，不互相干扰。这种设计就像"乐高积木"，项目方可以根据实际需求进行自由组合，也便于未来的升级与替换。

这样一来，如果有新的审计规则、新的风控模型，只需要替换其中一个模块即可，而不是推倒重建整套系统。

(2) 灵活升级与权限控制

模块化的另一个优势是"升级不打扰"。例如，新增合规功能时，只需要部署一个新模块并授权调用，无需动原本的主合约。这降低了升级风险，也能快速响应政策变动。

为了防止模块被滥用，项目通常会用"多签名机制"或"时间锁"来控制模块的启用权限，确保每次变更都有透明流程。

(3) 项目之间共享模块库

随着行业的成熟，不同项目之间可能会共用一套"标准合规模块库"。例如，某个"合规黑名单模块"被多个稳定币采用，经过反复验证后，等于享受了"开源共享的安全保障"，大大节省了研发成本，也提升了整个行业的安全下限。

2. 隐私计算与合规共存

一个现实问题是：监管需要知道交易发生了什么，但用户又不希望自己的所有行为都暴露在阳光下。这看似矛盾，但技术正试图打破这种二选一的局面。

(1) 零知识证明的"魔法力量"

未来，稳定币项目可能大量引入"零知识证明"技术。它的神奇之处在于——可以向对方证明"某件事为真"，但不透露任何细节。

例如，用户可以证明"我已经通过KYC认证""我不是被制裁对象"，但不告诉系统他是谁。这种方式既满足了合规要求，又最大程度保护了个人隐私。

(2) 链上交易也能"局部隐藏"

稳定币的交易记录通常是公开的，但未来可通过"部分加密"的方式，仅对合约模块或授权机构开放查看权限。例如，某笔大额交易，系统自动判断其敏感性，标记为"隐私交易"，只有审计节点可以解密查看详情。

这种"选择性透明"的模式，让稳定币兼具"阳光化"和"隐私性"，不再非黑即白。

(3) 与监管密钥协作的安全通道

部分创新方案还设计了"监管密钥"机制，即只有监管机关或授权节点拥有某类交易的解密能力。这些密钥不会长期在线，而是通过HSM（硬件安全模块）或MPC（多方安全计算）控制，确保"有需要才解密、没授权无法看"。

这种机制有效地防止了滥用查询，同时也为国际合规打通了技术路径。

3. 人工智能与链上风控

AI的加入正在让稳定币系统变得"更聪明"。以往的风控依赖人工设定规则、事后处理，而未来的智能系统则能"主动预警、实时反应"，将防御提升到"前置预测"的层级。AI智能链上风控的特点如图3.11所示。

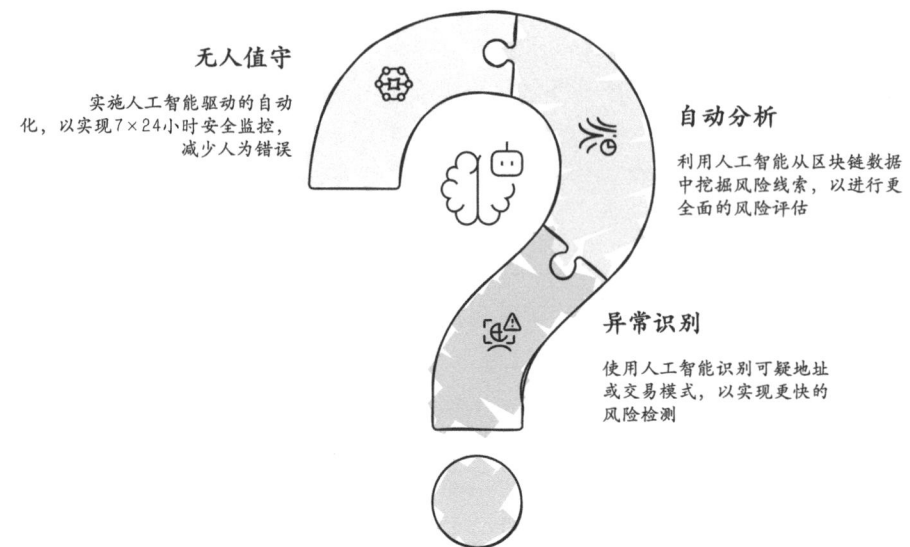

图 3.11　AI 智能链上风控的特点

（1）异常识别

人工智能可以通过模型学习，识别出可疑地址或交易模式。例如，一个钱包突然频繁跨链、在深夜转出大额资产，AI 模型可以自动判定为"高风险行为"，向管理员发出预警，甚至短暂冻结资金等待人工复核。

这比传统的黑名单更快、更灵活，而且不断自我学习、不断优化判断标准。

（2）自动分析

AI 还能从区块链上的公开数据中挖掘风险线索。例如，某个地址是否频繁与已知诈骗地址交互？是否异常参与多个项目的治理投票？是否短时间内频繁铸造和赎回稳定币？

这些模式一旦被识别，就可以赋予该地址一个"风险评分"，系统据此决定其交易权限，如限额、限速或强制额外验证。

（3）无人值守

未来，稳定币系统的合规与风控甚至可以做到"自动巡航"。智能合约、AI 模型与自动响应机制共同构建一个 24 小时在线、不依赖人工干预的安全网络。

这不仅提升效率，更减少了人为误判与操作风险，是推动稳定币进入全球金融基础设施的关键一步。

综上所述，从底层链的性能选择，到智能合约的安全设计，再到预言机如何把链下世界"搬进"链上，稳定币系统所依赖的每一项技术，都不仅仅是工具，更是支撑信任的骨架。技术不是冷冰冰的，它深刻影响着稳定币的稳定性、透明性和可监管性，也决定了它能走多远、被谁接受、在哪些领域发挥价值。

第 4 章 改变世界：链上支付颠覆全球产业

"为学之实，固在践履。"——《朱子大全·答曹元可》

本章导图

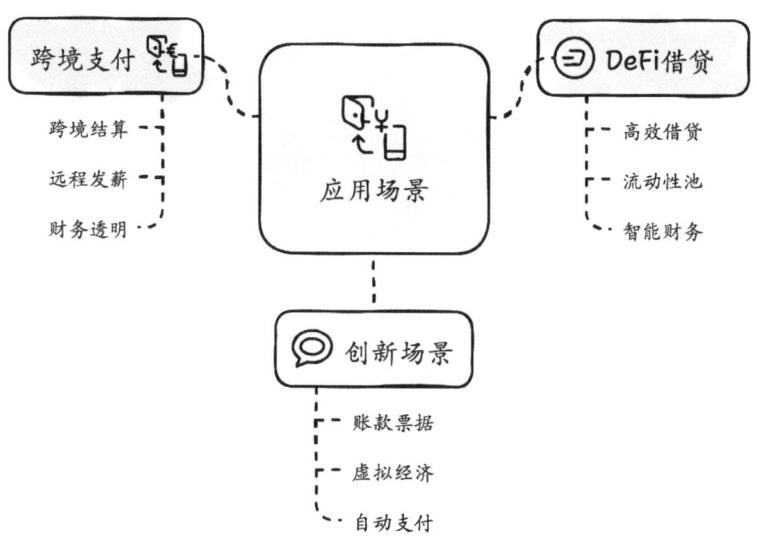

货币体系从来不是中性的，它定义了价值如何流动、产业如何协作、社会如何组织。稳定币的出现，不只是一次支付手段的革新，更是一场跨越金融、技术与制度边界的深层变革。

稳定币打破了地域、币种与银行系统的限制，让资金第一次像数据一样可以在全球无障碍流动。在这个过程中，企业的财务结构被重塑，跨境贸易的运行模式被改变，远程协作、虚拟经济与物联网具有了统一的支付语言。毫无疑问，稳定币正在以无声的方式嵌入世界的每一个角落！

4.1 跨境支付秒到账，企业财务新革命

传统的跨境支付体系因其复杂、缓慢且成本高昂而饱受诟病。稳定币的出现，为企业提供了一种更高效、更透明、更低成本的结算方式，让"秒到账"不再是幻想。

4.1.1 企业跨境结算

稳定币在跨境场景中最大的价值之一，就是重新定义了"价值转移"的成本结构。在传统体系中，即使只是企业间一笔普通结算，也要穿越层层"汇率墙"，时间拖、费用高、风险难控。而稳定币，以一种近乎实时、低成本的方式，把这些隐性障碍逐一拆除。稳定币在跨境结算当中的优势如图4.1所示。

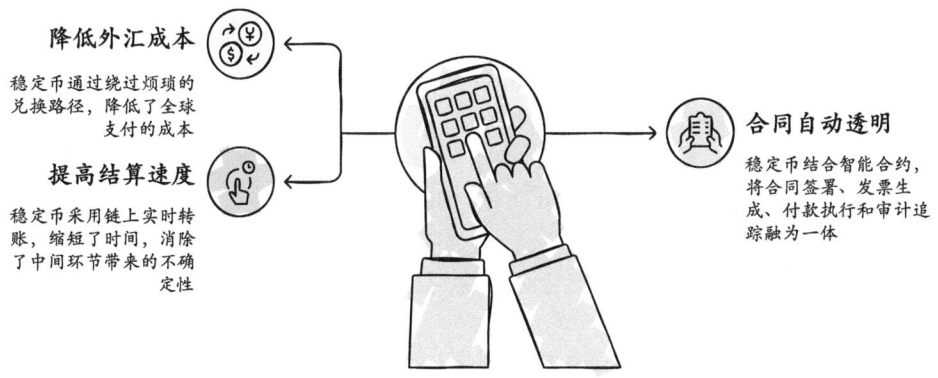

图 4.1 稳定币在跨境结算中的优势

1. 降低外汇成本与汇兑风险

全球化时代，企业早已不再局限于本地买卖。一家深圳制造商可能正在与巴西客户签合同，一家德国科技公司正准备向印度外包团队发薪。然而，跨境资金流动最头疼的问题之一，就是汇兑成本高，汇率波动也让企业财务部门如履薄冰。稳定币的出现，为这些问题提供了全新的解法。

传统跨境支付体系中存在着大量"看不见的成本"，而这些成本往往被隐藏在多重汇率转换和中介费用中。稳定币则通过以锚定货币形式直接在链上流通，绕开了繁复的兑换路径，让企业能够以更低成本完成全球支付。

(1) 多重汇率差造成"隐形成本"

企业在进行跨境支付时,往往不是简单地"人民币变美元",而是要经过多次兑换,如人民币换成港币、港币再换成美元、美元再换成对方的本地货币。每一轮兑换,都可能伴随着不同汇率和服务费。特别是当资金要经过不同中介银行时,不同汇率区间的差异可能在无形中"吞掉"企业利润的几个百分点。

例如,一家中国企业向印度供应商付款,如果采用传统银行电汇路径,可能经历四段汇率跳转,每段都可能在中间价之外增加 1%~2% 的加价点,这还不包括银行的手续费、代理行的中转费和可能的落地手续费。最终到达收款方手中时,金额已经缩水不少。

(2) 稳定币提供汇率锚定

稳定币(如 USDC、EURC 等)锚定的是某一主权货币,企业在付款时不必经历多轮兑换,只需使用锚定币种即可。例如,美国客户可以直接向亚洲供应商支付 USDC,无需换汇,也无需担心传统银行因币种转换导致额外损失。这种直接结算方式本质上就是在全球范围内"美元内部转账",最大限度减少了汇兑路径,降低了资金损耗。

(3) 规避波动风险

汇率波动本身也是企业面临的一大风险,特别是在跨国合同签署之后,若付款日的实际汇率变化较大,极可能打乱企业的财务预算。稳定币由于自身就是"数字化的美元""数字化的欧元",本质上是用一种稳定的方式进行结算,不再受临时汇率变动影响。部分企业还会通过合约约定"固定锚定币种支付",实现预算的锁定与支出控制。

以一个实际案例来说,一家游戏公司与海外美术工作室签订合同后,约定付款使用 USDC。这样,即便在合同履行期间美元汇率波动剧烈,双方都能准确掌握将要收支的金额,不会因"账面差"影响履约与合作信任。

2. 解决银行结算慢问题

外汇成本只是企业跨境支付中的一道门槛,而更令人难以接受的,是传统银行体系"慢半拍"的结算效率。在当今数字化高速运转的商业环境中,动辄 3~5 个工作日到账、节假日暂停处理、时间不确定等问题,已经难以满足全球贸易的实际需求。企业渴望更快的资金流转、更明确的到账时点,而稳定币恰恰击中了这一"慢性痛点"。

稳定币绕开了传统银行的清算网络,采用链上实时转账,不仅缩短了时间,更消除了中间环节带来的不确定性。

（1）传统银行结算为何"慢吞吞"

传统跨境转账多依赖 SWIFT、CHIPS（纽约清算所银行同业支付系统）等系统，本质上是一层层银行之间的信任传递。资金需要经过发起银行、中间清算行、代理银行、接收行等多个节点，每个环节都可能出现人工处理延迟或监管审核耽搁。再加上不同国家之间存在时差、节假日制度差异，资金到账时间往往以"工作日"而非"小时"计。

例如，一家日本公司向欧洲供应商付款，如果在周五下午提交指令，资金很可能要等到下周三才能最终入账。这个过程不仅拖慢了货物发运，也给财务部门带来对账压力。

（2）链上支付实现分钟级结算

稳定币基于公链运行，交易确认时间通常只需几秒到几分钟。以 USDC 在以太坊或 Solana 链上的转账为例，付款方只需将稳定币发送至对方钱包，链上确认后即可视为到账。整个过程无需中介审批，也不存在"节假日暂停"，真正实现了"7×24 小时不间断清算"。

尤其在跨境电商、全球外包等场景中，付款与交付节奏越来越快，稳定币让企业能够实现"即时付款—即时交货"，大幅压缩资金流转周期。例如，一位自由职业者完成任务后立刻收到客户支付的 USDT，不再担心银行节假日或工作时段限制，效率堪比"微信转账"。

（3）减少财务对账压力

过去，财务人员常常需要花费时间"追踪资金路径"：到底是卡在哪一层银行？什么时候能到账？是否需要补充材料？稳定币的链上透明特性解决了这一系列问题。每一笔转账都可以在区块链浏览器中查看其状态、时间戳、收款地址，企业可实时确认付款是否成功，大幅简化对账流程。

此外，许多企业财务软件已经开始集成稳定币钱包或 API 接口，让"链上支付"不再是程序员专属，而是逐步走进主流企业的财务系统。这种自动化工具正在降低企业拥抱新技术的门槛，也在悄然推动整个支付体系的进化。

3. 合同与发票链上执行

跨境支付不仅仅是"把钱转出去"这么简单，背后往往牵涉到复杂的合同履约、发票开具、付款凭证与审计责任等一整套流程。在传统模式下，合同、发票和资金是分离的，彼此依赖人工对接和线下核对，既费时又容易出错。而链上技术带来的不仅是支付提速，更重塑了"钱、单、事"统一执行的基础逻辑。

稳定币结合智能合约，让合同签署、发票生成、付款执行和审计追踪融为一体，不再"分头作业"，而是"自动联动"，从根本上提升了企业支付的效率与合规性。

（1）智能合约自动触发付款

传统企业支付往往需要手工审批多个流程：确认合同、验收成果、走财务流程，最后才放款。尤其在跨国合作中，这一流程更容易被语言差异、时区不同、文书传递延误等因素拖慢。

而在链上，企业可以将付款条款写入智能合约中，实现"达标即付款"。例如，一家设计公司与客户签署的智能合约中规定："当作品提交并经对方地址签署确认后，自动释放1000枚USDC至对方钱包。"一旦链上验收完成，付款即时到账，既省去反复催款的烦恼，也减少了财务部门的工作负担。

这种"自动结算"机制对自由职业者、供应链厂商、小型跨国合作尤为友好，在平台经济、内容创作、电商订单等场景中已有广泛应用。

（2）链上发票与收据系统

发票是企业运营中不可或缺的一环，但跨国发票往往存在格式不统一、税务不透明、查验不方便等痛点。而链上发票系统，正在试图改变这一状况。

借助区块链技术，企业可以将发票的核心信息（金额、交易对象、时间、付款证明）打包为加密凭证，存储在链上。这样做的好处有以下几点。

1）不可篡改。防止重复开票或发票作假。

2）可验证。审计或税务机构可实时查验发票来源与付款路径。

3）自动生成。可通过智能合约在交易发生后同步开具发票。

举个例子，一家物流公司使用稳定币收款后，其系统会自动生成一份电子发票，并将其哈希值写入区块链。这样一来，不仅无需反复开票确认，对账流程也一目了然。

（3）审计与合规报告自动化

企业每年都要面对内部审计与外部监管要求，财务部门需要花费大量时间准备各类凭证与支付证明。而稳定币的链上数据天生可追踪、可查询，为审计流程带来极大便利。

企业可通过接入链上分析工具或区块链浏览器插件，自动导出每笔稳定币交易的哈希值、金额、时间与对应合约内容，用作审计佐证材料。这种"自动对账+自动归档"的模式，不仅减少了人力成本，也提升了合规效率。

更进一步，一些面向企业的链上财务系统正在探索"全流程链上化"：从合同签署、任务交付、稳定币支付、发票生成到审计留档,全部通过区块链和稳定币完成闭环处理,让企业财务真正"可视、可查、可信"。

4.1.2 远程职业发薪

当今时代,越来越多企业开始雇佣海外自由职业者、远程团队或 DAO 成员。然而,传统的国际薪酬支付流程却并没有跟上变化的节奏:周期长、费用高、流程复杂,让雇主和员工都有苦难言。而稳定币的出现,正好填补了这一痛点,让全球发薪变得像转账红包一样简单。稳定币发薪的特点如图 4.2 所示。

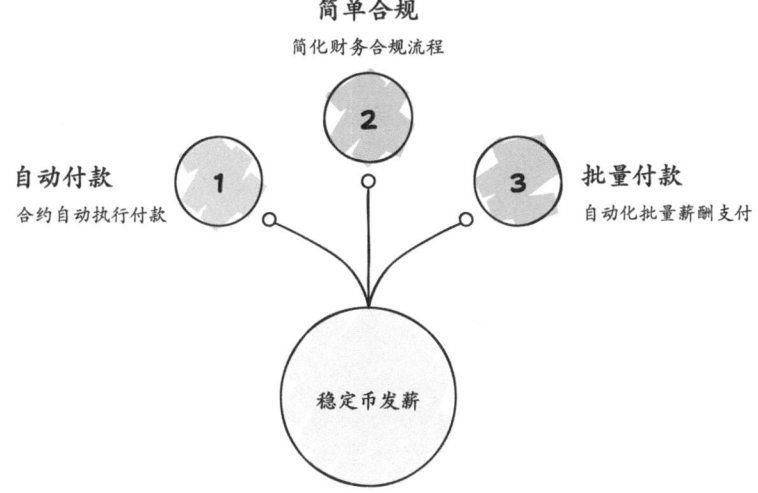

图 4.2 稳定币发薪的特点

1. 合约付款自动执行

在远程协作中,任务分阶段完成是常态,而稳定币结合智能合约,让每一个"节点付款"真正实现自动化与高效率,成为发薪流程中最实用的工具之一。

(1) 智能合约自动发薪

在 Web3 行业中,最常见的合作模式是"按阶段交付、分批付款"。例如,一名尼日利亚程序员与一家加拿大初创企业合作开发智能合约,双方约定分四次交付、每次支付 250 USDC。企业可通过部署简单的智能合约,设定每次代码提交验收后自动释放 USDC,既节省人力,又避免误差。这种机制大大降低了"付款迟延"或"交付纠纷"的概率。

(2)自平台协作闭环

目前已有许多远程工作平台将稳定币嵌入发薪流程。例如,DeWork、WonderVerse 等平台,通过链上任务发布、审核与付款的流程,帮助 DAO 高效雇佣内容写手、翻译者、活动执行等岗位,完成即时发薪,无需烦琐的审核流程与会计干预。

(3)链上记录可审计

通过链上合约付款记录,企业可以清晰追踪每一笔工资支付的原因、时间与收款人身份,并方便后续审计。这种模式在远程外包项目中尤受欢迎,不仅提升了管理效率,也为财务合规提供了强大佐证。

2. 稳定币薪酬与财务合规

在传统财务体系中,跨境支付往往伴随着严苛的报税要求、外汇申报、银行监管,特别是雇佣大量海外远程工作者时,如何在"合规"与"高效"之间取得平衡,成为企业最大的难题。而稳定币的链上可追溯性与程序化设计,正在帮助企业摸索出一套更现代、更透明的合规发薪模式。

(1)链上工资单

稳定币发薪的每一笔记录都保存在链上,时间戳、金额、接收地址等信息清晰可查。这种天然具备"审计属性"的交易机制,为企业后续的账目核对、报表生成提供了极大便利。

以 ENS(以太坊域名服务)为例,其基金会定期在官网公布多签钱包的发薪数据,接受社区审计。这种链上透明模式,也被越来越多 Web3 项目方所借鉴。

(2)线下报税集成

许多合规意识较强的 Web3 公司,会同时建立链上发薪系统与链下财务记录,通过集成如 Request Finance、Coinshift 等第三方工具,实现与本地报税系统的对接。

例如,总部设于新加坡的去中心化内容平台 Mirror,其在给自由职业者发放 USDC 薪资时,同时生成 PDF 工资单供员工申报税务,打通链上效率与链下合规之间的"断点"。

(3)DAO 组织合规发薪尝试

即使是最"去中心化"的 DAO 组织,也越来越多地将合规发薪作为长远运营目标。

例如,Bankless DAO 尝试建立自己的"人力合约模板",在每一份链上任务合同中附带身份验证、任务说明与付款结构；Gitcoin 也正探索将 KYC 验证接入工作者账户，以应对不同国家/地区的监管需求。

稳定币不仅提供了技术上的便捷，还在全球不同法律框架下，促成了一种"新型合规发薪"的可行路径。

3. 自动化批量发薪工具

当企业需要同时向几十位、甚至上百位自由职业者发放薪资时，传统的财务流程往往力不从心。而链上工具的"自动化"与"批处理"能力，为这一复杂流程提供了强大的技术支持，尤其在 DAO 和 Web3 初创公司中，已经成为日常运营的基础设施之一。

（1）批量发薪系统

像 Utopia Labs、Parcel、Coinshift 等新兴的链上财务工具，已经将"多人打款"设计为默认功能，使用这类工具可以实现一键全球批量支付。

以 Utopia Labs 为例，企业财务人员只需上传一个包含姓名、钱包地址与金额的表格，即可通过多签钱包一键完成数十笔支付，大幅提升效率。这类工具还支持导出 CSV 文件和财务日志，方便对账和存档。

（2）稳定币流式支付

相比传统"月结"或"周结"模式，链上流式支付（Streaming Money）工具 Sablier 和 Superfluid 提供了"工资按秒发放"的新模式。

以 Superfluid 为例，一家公司可设定每天支付员工 5 USDC，系统自动按区块时间逐步释放，收款人可随时提款。这种方式尤其适用于短期合约工或参与临时项目的贡献者，有效解决了"发薪滞后"的问题。

（3）与人力系统集成

除了以上产品之外，一些团队更进一步，正在将发薪模块与 HR 系统整合。

例如，Payroll3 就是一款结合 DAO 治理与人力资源管理的发薪工具，支持设定"提案通过即发薪"的自动逻辑。只要某项议案在 Snapshot 上获得通过，系统即可自动识别预算金额、接收人及分配方式，完成从提案到发薪的全流程闭环。

发薪工具的链上自动化，让远程团队的协作更高效，也为 Web3 组织的制度建设打下了技术基础。从"一个人给一群人发工资"到"代码自己处理一切"，这不只是效率提升，更是一种组织形态的变革。

4.1.3 财务透明与审计

相比传统企业财务系统里复杂、封闭且时常滞后的账务流程，稳定币和区块链技术的结合，正推动企业财务进入一个"链上实时、全程可追溯、便于审计"的新时代。无论是全球初创团队、DAO 组织，还是逐步拥抱数字化的传统公司，都在用稳定币构建透明可控的新财务体系。链上财务体系的优势如图 4.3 所示。

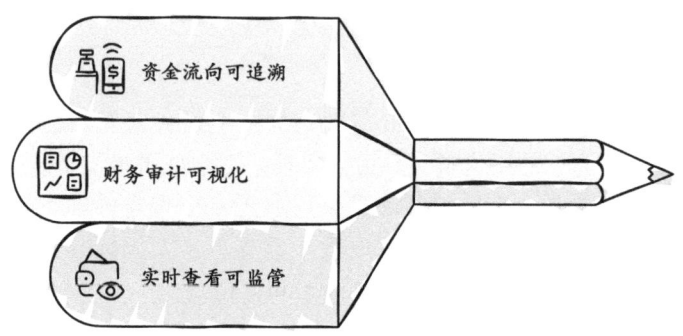

图 4.3　链上财务体系的优势

1. 资金流向链上可追溯

区块链的"可溯源"特性，为企业提供了天然的财务记录系统，稳定币的每一笔转账，都是一条无法篡改的链上交易。

（1）每一笔支出都有迹可循

在使用稳定币作为支付手段时，无论是向供应商付款、员工发薪还是营销开销，都能通过区块链浏览器查到清晰的交易记录。比起传统账本的"只能内部查看"，这种公开账本大大提升了财务透明度。

（2）DAO 与开源项目的财务管理

越来越多 DAO 项目将"财库"地址公开，并实时展示每一笔 USDC 或 DAI 的支出。以 Gitcoin、ENS DAO 为例，其所有社区资助、运营费用、项目奖励等支出都可在区块链上一目了然，接受社区监督，构建可信生态。

（3）投资人与监管者的信任基石

对于初创企业或跨国项目团队，稳定币账户的链上记录也是获取投资机构、合作方信任的关键。投资人无需登录企业内部 ERP 系统，只需查看链上地址，就能了解项目运营资金使用是否规范。

2. 审计可视化报表

在传统审计流程中，审计人员往往需要调取大量纸质或电子凭证，并与银行流水核对。而使用稳定币后，链上交易记录本身就是可验证的审计凭证。

（1）链上数据直连财务系统

现在已有第三方工具（如 Gnosis Safe、Coinbooks、Request Finance 等）支持将链上钱包自动接入财务系统，生成多维度的资金流动图、支出分类图、员工工资表等可视化报表，显著降低审计工作强度。

（2）周期性审计变为实时监控

稳定币加持下的链上财务，可以实现"边用边审"，不必等到年底清算或季度结账。例如，一些 Web3 基金会采用链上多签+API 接入的方式，让审计团队随时查看指定钱包资金流，及时发现异常。

（3）跨国团队共享数据无障碍

对于拥有多地子公司的企业，传统财务审计往往因数据标准不统一、权限分隔等问题效率低下。稳定币支付系统与链上数据标准的统一性，使得跨国审计可以共享一个账本，真正实现全球一致口径。

3. 实时查看可监管

除了企业内部管理，越来越多国家开始探索如何借助区块链的技术能力实现"可监管而非强控制"的新范式。

（1）政府合规试点中的链上观察

新加坡、中国香港地区等地的金融监管机构，正鼓励企业试点"链上审计报告"提交机制。企业可以通过稳定币钱包的区块链浏览器地址直接呈交财务流向，大幅减少线下材料准备与申报成本。

（2）NGO 与公益项目的透明试验

在捐赠与公益资金管理上，稳定币与链上支付同样发挥巨大作用。例如，Unchain Fund 和 GiveDirectly 等项目使用 DAI 发放援助资金，其链上支付记录既提升了受助人信任，也方便捐赠方随时追踪捐款去向。

（3）服务型企业的账务透明革命

自由职业平台、内容创作平台、出海 SaaS 公司等，正在引入链上稳定币结算机制，支持客户随时查看付款记录、核对发票，并提升客户对服务商的信任，尤其在高频交易或长周期合作中价值显著。

4.2 不靠银行也能借钱？DeFi 怎么玩

在传统金融体系中，无论是贷款、换汇，还是短期理财，总离不开银行的审批与规则的约束。但在链上金融世界，一切被重新定义。DeFi 正通过智能合约与开放协议，构建出一个"不靠银行"的新金融系统。

稳定币是这个系统的"命脉"，是整个链上金融工具运行的基石。从借贷协议到流动性池、从自动化管理到多资产配置，稳定币串联起整个 DeFi 生态，推动金融服务从封闭向开放转变。

4.2.1 稳定币借贷

在没有银行参与的世界里，借钱听起来似乎是件"不靠谱"的事。但 DeFi 却用稳定币搭建了一整套无须信任第三方、全自动运转的借贷体系，用户不仅能像在银行一样借钱，还能参与存款、赚利息，甚至参与利率市场的博弈。而其中的"贷款主角"，正是那些锚定美元的稳定币。

1. 抵押资产借出稳定币

稳定币借贷的第一步，是抵押资产。在 DeFi 协议中，没有信用评分，也没人审查你的收入流水，一切凭"抵押品"说话。只要你在链上锁定一定数量的加密资产，就可以借出对应额度的稳定币，用于投资、支付或其他链上操作。

（1）抵押借贷

在 Aave、Compound 等主流协议中，用户可抵押 ETH、WBTC、ARB 等资产，按一定的抵押率（如 200%）借出 USDC、DAI 等稳定币。例如，某用户抵押价值 2000 美元的 ETH，在 200% 的抵押率下，可以最多借出 1000 美元的 USDC。整个过程不需要注册、实名，只需钱包授权便能实现"无许可借款"。

（2）资金调动

借出的稳定币可以用来参与其他 DeFi 协议、购买 NFT、参与链上治理，甚至提现到现实世界消费。相比传统银行贷款冗长的审批程序和固定用途，DeFi 中的稳定币贷款就像随时可取用的弹性资金池，赋予用户极大的灵活性和掌控力。

（3）链上套利

许多资深用户会在多个 DeFi 协议之间调度资金。例如，用户从 Aave 借出

USDC后，转入另一个平台赚取更高收益，或利用市场利差进行套利操作。这些"资本搬运工"充分发挥稳定币的链上流动性，推动整个DeFi生态活跃运转。

稳定币的稳定性是这一切能够顺利运作的基石。如果贷款资产本身价格大幅波动，将难以保障借贷安全。而稳定币价格锚定法币，为整个去中心化借贷体系提供了可靠的流通工具和价值单位。

2. 算法利率市场

在传统金融体系中，贷款利率通常由银行决定，并受中央银行政策影响。然而在DeFi世界，利率不是由某个人设定的，而由算法根据市场供需自动调整。这种机制不仅更透明，也能实时响应市场波动，为用户提供动态利率环境。

（1）算法决定利率

以Compound为例，其利率调节模型完全由智能合约驱动。当某种稳定币的借款需求上升，而存入该币种的流动性不足时，算法便会提高借款利率，吸引更多人存入。反之，当市场资金宽裕时，利率则自动降低，借款成本随之变得更低。利率变动如同链上的"呼吸"，时时刻刻都在微调，以达到供需平衡。Compound利率调节机制如图4.4所示。

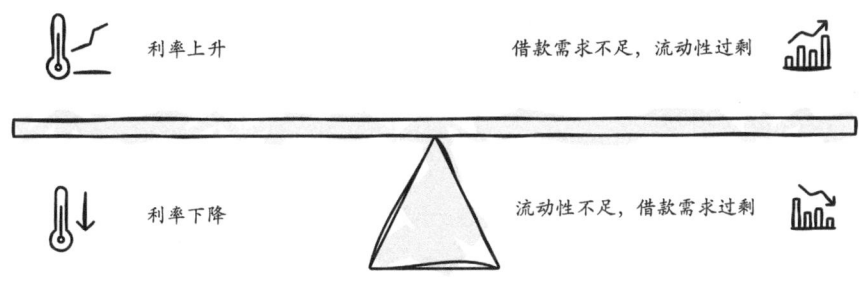

图4.4 Compound利率调节机制

（2）双边用户受益

这种机制不仅保证了协议的流动性稳定，还让供给方与借款方都能找到最优解。例如，在资金紧张时，存款人享有更高利息，借款人则需权衡是否愿意支付更高成本。这种公开、透明且即时变化的利率机制，成为传统金融无法比拟的优势。

（3）DeFi资产配置

一些Web3创业团队会将部分USDC或DAI配置进Aave等平台"生息"，再在利率低时借出资金，参与生态建设或短期运营开支。整个过程不依赖银行贷款，也不需审批，一切由市场行为主导。这种灵活性对于初创团队与DAO组织而言尤为重要。

算法利率市场的本质，是通过"代码即规则"建立去中心化金融秩序。它用智能合约代替传统金融的"风控官"，为全球用户提供公平、高效的借贷环境。

3. 风险清算与防爆仓机制

虽然DeFi借贷开放、灵活，但风险同样不可忽视。为防止用户借入稳定币后不还钱或资产贬值，DeFi协议设计了一整套自动清算机制。这些机制确保了整个借贷系统的安全，也保护了资金提供方的利益。

（1）抵押率与爆仓线

每种DeFi协议都会设定抵押率和清算线。以Aave为例，若抵押资产ETH的价格下跌，导致抵押率降至清算线（如初始抵押率200%，清算线150%），协议便会启动自动清算机制，强制卖出部分ETH偿还借款，防止平台出现坏账。这种机制通过自动止损保障系统稳健运行，也被业内称为"爆仓保护"。

（2）清算人激励机制

清算过程不是由协议官方操作，而是由"清算人"完成。他们监控市场，一旦发现某地址触发清算条件，便可发送交易执行清算，并从中获得奖励。这一机制构成了"去中心化风控网络"，激励机制确保系统时刻有人监控、响应。

（3）风险监控与预警

为帮助用户避免被清算，许多工具（如DeFi Saver、Instadapp等）提供了风险监控、预警推送，甚至自动再抵押、还款等功能，让用户更安心地使用借贷服务。例如，用户可以设定抵押资产价格跌破某个阈值时自动还贷或追加抵押，大大降低了爆仓风险。

4.2.2 流动性资金池

在DeFi生态中，流动性资金池堪称整个系统的"血液循环"。它们为DEX（去中心化交易所）、借贷协议、收益聚合器等提供流动性支持，使用户可以在无需传统中介的情况下完成兑换、借贷与收益管理。稳定币因其价格锚定特性，在这些资金池中发挥着重要的作用（见图4.5）。它既可以降低波动风险，又提升了资金使用效率，成为用户首选的"链上现金"。

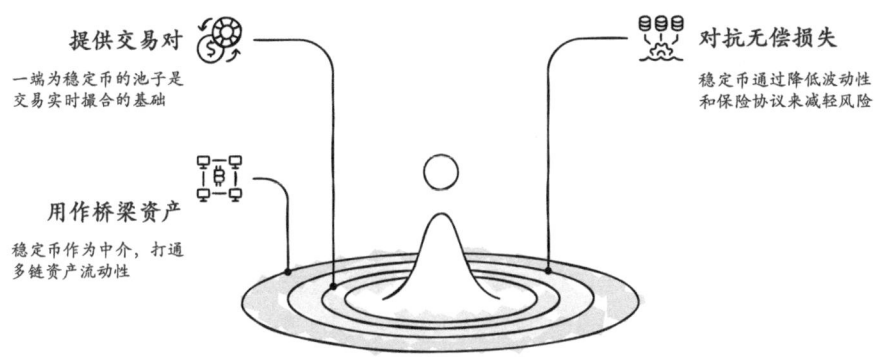

图 4.5 稳定币在 DeFi 资金池中的作用

1. 流动性支持

稳定币在流动性池中最常见的作用就是"提供交易对"与"保持价格稳定",这是整个 DeFi 运作的底层支柱。

(1)核心交易对

在 DEX 中,用户交易的往往不是"ETH/BTC"这类波动资产组合,而是"ETH/USDC""BTC/DAI"这样的一端为稳定币的池子。

例如,Uniswap 中最活跃的池子之一就是"ETH/USDC",它为成千上万笔链上交易提供实时撮合的基础。用户将 ETH 和 USDC 按一定比例存入池中,即可成为 LP(流动性提供者),从而支持整个交易市场的运转。

(2)跨链桥资金中枢

在多链时代,跨链桥的设计依赖于"目标链上有足够的流动性"。而 USDT、USDC 等稳定币则经常作为"桥两端的缓冲资产"出现。

例如,在 LayerZero、Wormhole 等跨链项目中,用户通过锁定稳定币,可以在另一条链上快速释放相应资产,实现秒级转移。没有流动性的池子就像干涸的渡口,稳定币的广泛流通恰好让这些桥梁畅通无阻。

(3)项目方金库底仓

许多 Web3 项目方和 DAO 将部分稳定币存入协议池,作为"财库管理"的一部分。

例如,某 DAO 每月将运营盈余的 50% 转为 DAI 注入 Curve 池中,不仅获得了部分 LP 收益,还保障了未来成员领取报酬或突发开支的充足流动性。这种策略兼顾风险与弹性,是链上机构常用的资产管理方案。

2. 无常损失对抗

尽管流动性池带来收益，但同时也面临"无常损失"（提供流动性时发生的资金暂时损失）风险。稳定币池因其价格锚定优势，成为对抗该风险的首选方案。

（1）稳定币对抗价格偏移

相比于 ETH-DAI 或 BTC-USDC 等波动性较大的交易对，USDC-USDT 这类稳定币对因价格接近、波动微小，大大降低了无常损失的可能性。用户投入后即使市场略有波动，其资金结构也不会被严重重组，保障了资金安全。

（2）保险协议的联合机制

一些 DeFi 平台（如 Balancer、Bancor）与第三方保险协议合作，为参与稳定币池的用户提供"无常损失补偿"。这类保险通常按期限与投入量计算保费，一旦出现偏离设定阈值的情况，用户可按比例获得赔偿，进一步降低参与门槛。

（3）资金避风港

在市场波动剧烈的熊市中，许多投资者主动将资金从 ETH 等高波动资产撤出，转而存入稳定币池，实现资产避险。以 2022 年市场回调为例，Curve 的稳定币池资金反而逆势上升，显示其作为避险工具的突出价值。

3. DEX 中的应用

DEX 是流动性资金池的天然载体，而稳定币在其中的表现尤为活跃，支撑了整个 DeFi 的交易核心。

（1）搬砖套利

在主流 DEX 中，稳定币交易对（如 DAI-USDC、USDT-USDC）通常拥有最高的交易量与流动性。这不仅降低了用户换汇成本，也使稳定币之间的"搬砖套利"成为一类活跃的链上交易策略，带动整个资金池的活跃度。

（2）聚合路由

许多 DEX 聚合器（如 1inch、Matcha 等）通过自动路由机制，优先选择流动性最充足、滑点最低的稳定币池执行交易，提高用户兑换效率。例如，用户用 DAI 兑换 USDT 时，聚合器可能优先调用 Curve 或 Balancer 的稳定池，确保价格最优与执行快速。

（3）桥梁资产

在跨链 DEX（如 THORChain、Osmosis）中，稳定币池不仅提供基础交易功能，还可作为不同链之间的"桥梁资产"。例如，用户可通过 USDC 从以太坊兑换 USDT 至 Polygon 网络，实现"跨链秒换"，打通多链资产流动性。

4.2.3 智能财务管理

在传统世界里,财务管理离不开 Excel 表格、记账软件、银行对账和审计流程。而在 Web3 的 DeFi 体系中,财务管理正被"智能化""自动化"彻底改写。稳定币不仅作为账面上的数字资产存在,更成为"链上财务系统"的驱动器(见图 4.6),支持企业、个人、DAO 组织实现高度自动、透明、安全的资产流转。这不再是科幻,而是每天在发生的现实。

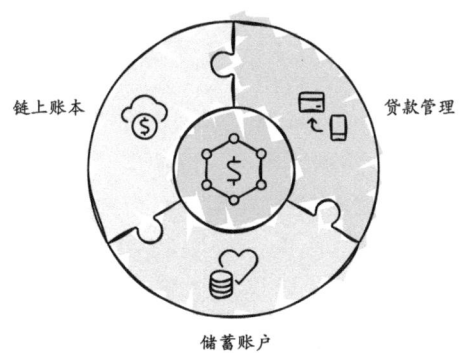

图 4.6 稳定币与智能财务管理

1. 自动还款与贷款管理

DeFi 中的贷款不是一张合同,而是由智能合约执行的程序逻辑。这种自动化特性让财务管理进入"无人值守"状态。

(1)定期还息,智能触发

在 Sky Protocol 或 Aave 中,借款人可以抵押 ETH、WBTC 等资产借出 DAI 或 USDC。这些借贷合约具备"稳定费"或"借款利息",可设定定期支付或自动扣除。例如,当账户内余额充足时,合约会每月自动从用户地址扣除利息,免去传统贷款中"人工还款""账户逾期"的烦恼。

(2)价格监控,风险预警

DeFi 借贷平台普遍接入预言机系统,实时监控抵押资产价格。一旦抵押率跌至警戒线(如低于 150%),系统会自动触发清算或提醒用户补仓。这种"内嵌式风控"机制大大降低了人为疏漏。许多高频借款者通过工具(如 DeBank、Zapper)设定提醒,使财务风险控制进入自动化时代。

（3）企业账务自动化工具

一些新兴平台（如 Instadapp、DefiSaver 等）支持"贷款组合策略自动管理"，企业可在其中设置"还贷顺序""多平台调仓""稳定币互转"等逻辑，一键部署，即可维持复杂借贷结构的健康状态。这种方式尤其适合对流动性要求高的链上机构。

2. 稳定币储蓄账户

与传统银行储蓄账户类似，DeFi 中的"储蓄账户"同样支持自动赚取利息，但运行逻辑完全不同。稳定币的"低波动+高信任"属性，使其成为主力存入资产。

（1）新一代"储蓄罐"

像 Compound、Aave 这类协议会为存入 USDC、DAI 的用户提供浮动利息，年化率一般在 2%~5%。用户将稳定币存入池中后，自动获得利息，无需参与复杂操作。这类"储蓄账户"被许多 DeFi 用户视为链上"储蓄罐"。

（2）企业财库收益池

某些 Web3 初创企业或 DAO，会将稳定币运营资金存在收益平台，以备不时之需。例如，某 NFT 项目，将募资所得的 USDT 注入 Aave，每月利息用于支付开发者报酬与社区运营费用。这种方式类似"活期理财"，即存即取，且收益稳定，是项目财务管理中的常见做法。

（3）子账户授权与限额控制

Web3 钱包工具（如 Gnosis Safe、Multisig Vaults 等）支持多签授权和子账户管理，方便企业或团队成员在"稳定收益账户"中按权限划拨资产。这在传统财务中是"手动流程"，而在 DeFi 中则可通过合约规则自动实现，显著提升安全性和效率。

3. 企业与 DAO 的链上账本

除了个人账户和理财应用，稳定币也正在成为企业与组织级财务管理的核心"记账单位"。

（1）数据透明

所有稳定币交易都记录在区块链上，DAO 或项目方可以用区块链浏览器或专门工具（如 Nansen、Dune Analytics）查看每一笔资金流向。例如，某个以 DAO 为组织形式的公会可公开展示每月发放 USDC 工资、拨款资助与开发成本的具体数据，提升治理透明度。

(2) 自动预算分配

一些去中心化组织通过稳定币钱包结合合约执行"季度预算",每月定额释放资金到各部门地址。例如,Gitcoin DAO 采用 Gnosis Safe 设置多签门槛,在满足"时间+批准人数量"双条件后,稳定币自动从主钱包划转至运营钱包,实现"可控但不烦琐"的资金分配流程。

(3) 链下合规系统对接

尽管 DeFi 天生"公开透明",但面对法律和审计需求,仍需链下补充材料。一些专业平台(如 Coinbooks、Request Finance)将稳定币钱包数据对接到传统审计系统,自动生成财务报表、税务报表、交易摘要等,帮助 Web3 企业满足监管合规性。

从个人贷款管理、利息收益账户,到 DAO 的财库运营和企业账务自动化,稳定币已经成为 Web3 智能财务体系中不可或缺的关键元素。

4.3 供应链、游戏经济与自动支付场景爆发

稳定币不仅改变了支付方式,也正在悄悄重塑多个行业的业务流程。从企业采购到游戏经济,从物流结算到自动化运营,稳定币正在成为"嵌入式金融"的核心引擎。尤其在 Web3 快速发展的生态中,那些看似边缘、但实际高度依赖资金流动效率的场景,正在爆发出前所未有的创新活力。

4.3.1 供应链票据

全球化供应链正在变得越来越复杂,信息在跑,货物在跑,但"钱"却常常跑不动。特别是对于中小企业来说,"应收账款无法变现"是一个长期痛点。传统的付款周期动辄 60~90 天,甚至更久。资金链一旦断裂,哪怕账上有几百万订单,也无济于事。

而稳定币结合区块链技术,正为供应链金融打开新局面。不仅提升了付款效率,更通过应收账款的代币化、链上确认、自动支付等模式,降低了风险、提升了流动性。稳定币在供应链金融中的作用如图 4.7 所示。

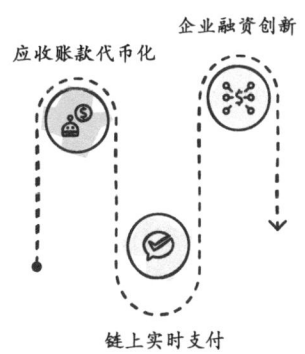

图 4.7 稳定币在供应链金融中的作用

1. 供应链应收账款代币化

在传统供应链金融中，核心企业拖欠上下游应收账款的情况时有发生，形成长期账期。这些应收款项虽具有较高的信用，却难以快速变现。而稳定币与区块链结合后，可以将这些"账期资产"代币化，赋予其流动性，让中小企业"应收不等于无收"。

（1）应收账款 NFT 化流通

通过将应收账款映射成 NFT（不可替代代币），可在链上代表某笔真实债权资产。例如，一家物流公司为某大企业提供服务后，生成一笔 10 万美元的应收款项。平台可将该债权凭证 NFT 化，并附上付款方信用等级与还款时间，一经确认即可流通转让，为供应商提前回款。

（2）结合稳定币即时贴现

这些 NFT 可被用于质押换取稳定币，从而实现应收账款的"提前兑现"。平台、基金或 DeFi 协议可提供流动性，按一定折价比例兑换 USDC/USDT，让供应商无需等待账期即可获得现金流，缓解运营压力。这一机制尤其适合医疗、制造等长账期行业。

（3）多平台探索实践

如 Tradeshift、Centrifuge 等项目，已在欧美市场试点基于区块链的供应链金融平台。中国也有一些创业团队做了尝试，以"核心企业的信用背书"为基础，结合区块链的确权机制与稳定币的支付手段，为中小企业提供便捷的账款融资服务。未来，这种代币化路径一定会逐渐成为数字供应链的新趋势。

2. 链上实时支付与确认

在传统供应链中，付款流程往往层层滞后：从下游企业付款到账上游供货商的银行账户，可能需要几天甚至几周时间。对于依赖现金流的小型供应商来说，这种延迟往往意味着运营压力甚至资金链断裂。而稳定币结合区块链技术，正为这一环节带来革命性变革，推动"实时支付"从梦想照进现实。

（1）链上触发式支付

通过将合同条款、收货凭证、验收标准等信息写入智能合约，当买方确认货物无误、系统验证交付条件达成后，智能合约会自动触发稳定币付款。例如，在某些农业供应链平台中，农户通过上传卫星图像或物联网采集的作物交付数据，系统自动确认交付达成后，平台即可向农户钱包即时支付 USDC，无需等待烦琐审批和跨境汇款流程。

（2）稳定币消除"确认延迟"

传统付款流程中，银行系统处理转账信息存在延迟，财务部门确认付款又可能滞后，造成账期不确定。而使用稳定币后，企业可在链上设置"付款确认即到账"机制，一旦完成验收或流程节点验证，即可自动支付至对方地址，实现分秒级结算。尤其适合多方参与的供应链协作，如代工厂、物流公司和原材料供应商之间的快速结算。

（3）中大型企业链改实践

在国内外一些大型制造企业中，已有初步尝试将"稳定币+智能合约"整合进现有 ERP 系统。例如，韩国某电子零件企业通过与区块链结算平台集成，将其全球多家子公司的物料交付、验收、付款数据直接上传链上，并以稳定币进行阶段性支付。这种实践不仅提高了结算效率，还为供应链透明化和审计留痕提供了坚实基础。

这一模式的广泛落地，意味着稳定币不只是金融工具，更是供应链运行逻辑的"润滑剂"，从支付确认、风控判断到数据同步，链上实时支付正逐步成为全球贸易的新常态。

3. 小微企业融资创新

在传统金融体系中，小微企业总被认为"风险高、规模小、缺乏抵押物"，银行往往避之不及。然而在数字经济时代，这些"看似弱小"的企业，正在借助区块链和稳定币，撬动出一条全新的融资路径。不靠银行、不靠担保，只靠链上数据、稳定币和智能合约，许多融资创新场景正悄然落地。

（1）链上信用替代银行担保

在传统贷款中，小微企业常因"无抵押、无担保"而被拒之门外。但在链上世界，信用评估并不依赖纸质资产，而是通过链上行为、供应链合约、历史履约数据等方式形成"智能信用"。

例如，有平台会根据企业在区块链上完成的历史发票、交易记录、订单交付情况生成可信评分。只要数据稳定、项目真实，就能获得基于稳定币的贷款额度。像 Tradeshift、XanPool 等项目，正通过链上信用模型，为东南亚地区的小商户提供几千到几万美元的小额稳定币融资。

（2）解决"先款后货"难题

在某些电商出口企业中，卖家往往面临"先垫付原材料和物流费，货款要等 3 个月"这样的现金流困局。为此，有企业设计了一种"链上应收账款预融资"方案——企业在交货前，将与大客户之间的订单数据上链，并由合作平台审核确认后，即可获得一定比例的稳定币融资。这样一来，企业便能"以未来收入兑换今日现金"，提前启动采购与生产。

（3）分布式融资

与传统银行"集中审批"不同，Web3世界更鼓励"分布式融资"。一些链上平台（如Goldfinch、Maple Finance）专为小企业建立"稳定币资金池"，让全球用户出资组成"微型债券"，按固定年化回报借出资金。企业通过身份认证、业务说明、链上合约绑定，即可获得几千到几万USDC的贷款。这类平台特别适合非洲、拉美等地的长尾小企业，为其解决了"银行不贷、风投不看"的融资孤岛问题。

过去，小微企业融资难一直是企业发展的痛点，而今，在稳定币、区块链和智能合约的共同驱动下，资金的流动方式正在悄然转变。稳定币不仅是"结算工具"，更是激活信用、盘活数据的金融触发器，为千千万万个小微企业注入了发展的第一桶金。

4.3.2 游戏与虚拟经济

在虚拟世界中，稳定币就像一枚打通不同世界的大金币。尤其在链游（区块链游戏）和元宇宙平台兴起之后，游戏里的"金币"不再只是娱乐数字，而是可以自由交易、跨平台流通、兑现为现实资产的数字货币载体。稳定币正是这个虚拟经济系统中最可靠、最稳定的价值锚点，如图4.8所示。

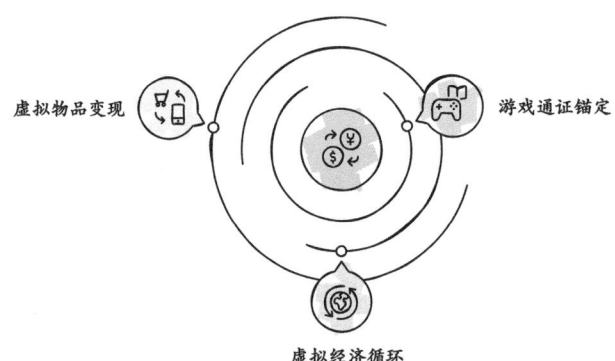

图4.8 稳定币在虚拟世界中的作用

1. 稳定币作为游戏通证锚定工具

虚拟游戏内的原生通证常常价格波动剧烈，不适合作为主流计价工具。稳定币的引入，恰好为游戏生态提供了"标尺"和"货币"。

(1) 锚定游戏资产定价

在许多链游项目中，玩家获得的装备、土地、NFT 角色等资产，最终都需要以稳定币标价与交易。例如，在链游《Illuvium》和《BIG TIME》中，市场交易区直接采用 USDC 或 USDT 作为主计价单位。这种做法既避免了游戏 Token 暴涨暴跌带来的困扰，又提升了资产交易的可靠性。

(2) 稳定币支付入场

部分链游平台采用稳定币作为"入场费"或道具购买工具。例如，在《Axie Infinity》中，玩家可以用 USDC 购买宠物蛋、配种费用，甚至 NFT 土地。这类支付路径不仅简化了入门流程，还方便用户跨国界充值，极大降低了用户使用门槛。

(3) 支持链上抽成

游戏开发商通常会对每笔道具交易或 P2P 市场抽成。通过将稳定币作为平台货币，项目方可直接将抽成汇入智能合约预设账户，自动拆账。这样既可减少财务成本，也能实现透明清算，为未来游戏金融化和平台治理提供坚实基础。

2. 稳定币驱动虚拟世界经济循环

除了游戏，元宇宙、虚拟地产、数字身份等虚拟场景中，也需要一个稳定、安全的"法定货币"，稳定币在这里成为虚拟经济运行的润滑剂。

(1) 虚拟地产租赁

在 The Sandbox、Decentraland 等元宇宙项目中，用户购买的虚拟土地可出租、建设、举办活动，而所有租金结算越来越多地采用 USDC 或 DAI 完成。这不仅保障了租赁双方的价值稳定，也让"做虚拟房东"成为现实。

(2) 虚拟打工

许多元宇宙平台允许设计师、演员、内容创作者为项目提供服务，如建设游戏场景、策划虚拟活动、表演 AI 角色剧本等。他们通常会直接收到稳定币薪酬，无需通过平台二次结算。例如，Over 在其虚拟演唱会中，就为视觉布景团队发放了 USDT 形式的报酬。

(3) 链上声誉

一些新兴项目尝试将稳定币钱包地址与数字身份绑定，记录虚拟交易、游戏成就和支付记录，从而构建链上信用系统。这类链上声誉系统有望在未来成为链游与虚拟经济中获取贷款、优先参与空投或道具预售的重要依据。

3. 稳定币增强虚拟物品变现能力

稳定币的广泛接入，还极大提升了虚拟资产的"变现能力"，让玩家的时间和精力真正可以转化为现实收入。

（1）NFT 稳定币定价

OpenSea、Blur 等主流 NFT 市场已经支持 USDC 或 DAI 结算，玩家在链游中获得的稀有装备或艺术品 NFT，可直接上架并换取稳定币，实现游戏价值兑现。例如，一位玩家在《Gods Unchained》中获得限量稀有卡片后，转手在市场上以 400 USDC 出售，获得真实收入。

（2）激励玩家参与

一些游戏内置流动性池，将玩家收入的稳定币集中投入 DeFi 平台赚取收益，再部分返还给高活跃度玩家。例如，Star Atlas 项目中就曾尝试将玩家活动产生的 USDC 锁仓于池中，用于未来奖池与奖励金分配，形成正向激励循环。

（3）跨平台资产整合

随着多链钱包和跨链桥的发展，玩家通过稳定币可将不同游戏或虚拟世界中的资产聚合管理。在应用（如 Zapper、DeBank）中，稳定币资产统一计价，玩家可一目了然地掌握多个平台的资产情况，为虚拟资产理财打开了新思路。

4.3.3 Web3 自动化支付

在 Web3 的世界中，许多流程都依赖于智能合约的自动执行，这也为"自动化支付"打开了广阔的想象空间。稳定币作为价值载体的"主力军"，不仅提升了支付效率，更让原本复杂的支付场景实现了无需人工干预的全自动化，如图 4.9 所示。

1. 智能合约驱动自动结算

Web3 项目往往需要进行频繁的分润、结算与支付，若依赖传统手动方式，不仅费时费力，还可能出错。稳定币的接入，让链上合约能够完成从"检测条件"到"资金转账"的闭环。

（1）内容创作者分润机制

在去中心化内容平台 Mirror 中，创作者可以通过智能合约设置收入分配比例。例如，一篇文章的 NFT 销售额中，80%自动归作者，10%给策展人，10%用于捐赠。所有分润均通过 USDC 自动结算至各方钱包，既透明又高效。

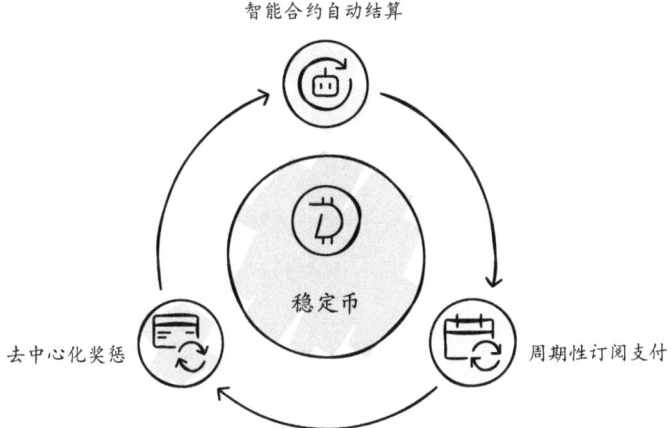

图 4.9 稳定币驱动的 Web3 自动化支付场景

（2）DAO 工资发放

许多 DAO 采用 USDC 或 DAI 作为成员工资发放工具。如 Bankless DAO 通过多签钱包定期将稳定币打入核心成员账户，同时配合链上活跃度记录系统，实现对贡献度的自动衡量与薪资匹配。

（3）广告费用自动拆账

一些去中心化广告协议（如 AdEx）利用智能合约自动追踪广告展示和点击数据，并基于预设比例拆账。例如，广告主充值 USDT 后，系统按点击数自动分配给发布者和平台方，无需第三方清算。

2. 周期性任务与订阅支付

Web3 中存在大量需要"定时、定额"执行的服务场景，稳定币为此类应用提供了最稳妥的自动支付手段，帮助平台降低信任成本、提升用户体验。

（1）基础设施服务订阅

Web3 项目通常需要调用节点服务、API 接口等基础设施服务商（如 Alchemy、Infura）。这类服务可通过稳定币预设订阅合约，按月自动扣费。例如，开发者可设置每月 1 号自动支付 20 USDC，即可持续使用服务，无需频繁手动续费。

（2）NFT 域名或身份续期

类似 ENS 或 Unstoppable Domains 等 Web3 身份系统，也可通过稳定币实现自动续费。用户提前授权 USDC 支出上限后，系统可在域名到期前自动完成支付与续期，避免错过关键时效。

（3）链上软件授权与升级

部分去中心化软件平台尝试按使用时间收费，并通过稳定币完成授权与升级费用支付。例如，Replit Web3 实验项目允许用户以 DAI 为单位自动支付合约工具调用费，实现链上开发环境的"即开即用"。

3. 去中心化平台自动退款与奖惩

在共享经济、数字服务或链上游戏中，如何处理退款、奖励、惩罚等"资金回退"操作，一直是难点。而稳定币搭配自动化合约，正逐步解决这些难题。

（1）链上担保

在一些去中心化自由职业平台（如 Braintrust），雇主支付 USDC 后将其锁入担保合约，若任务未完成或评价不达标，可根据链上条件自动退款或赔偿，大幅减少了纠纷。

（2）用户行为奖励

许多 Web3 平台使用稳定币作为行为奖励手段。例如，Lens Protocol 中的内容互动激励机制，若用户连续 7 天参与互动，即自动获得 1 USDC 奖励，全部由链上逻辑控制，无需平台审核。

（3）违约惩罚

在 DeFi 保险或预言机协议中，节点运营者通常需质押保证金，并通过稳定币结算惩罚。例如，Chainlink 中若节点提交错误数据，将自动扣除其 USDC 质押部分，确保数据可靠性。

总的来说，稳定币正在从一种数字货币工具，跃升为各类产业的支付中枢与创新工具。稳定币以其"全天候在线、实时清算、全球可达"的特性，不断打破传统金融的边界，深度融入未来数字经济产业中。

第 5 章　不得不防：避风险反欺诈人人有责

"夫祸患常积于忽微，而智勇多困于所溺。"——《伶官传序》

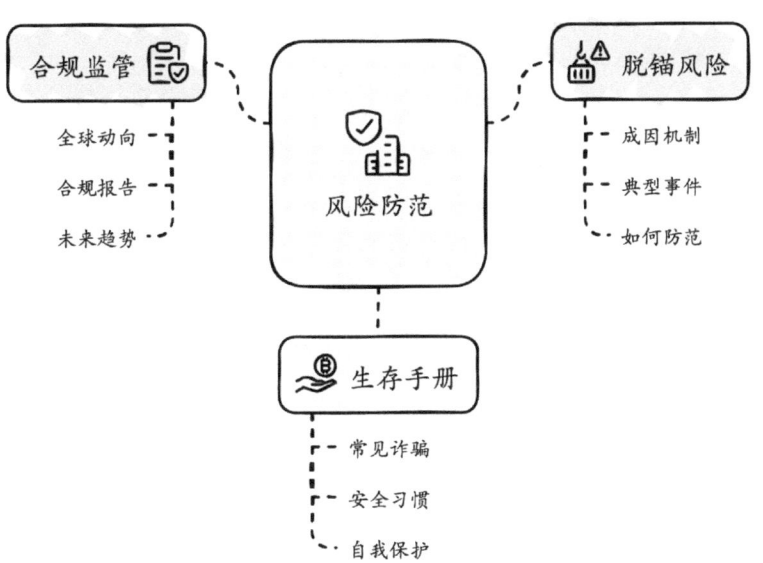

稳定币带来了支付效率的飞跃与金融服务的普惠，但技术与制度的创新从不意味着风险的消失。看似便捷的背后，藏着尚未被全面监管的灰色空间，也孕育着欺诈、操纵与系统性失控的隐患。

从储备金审计不到位导致的脱锚风波，到钓鱼链接、假代币、链上黑名单等攻击方式，一旦缺乏认知与防护，普通用户最有可能成为被收割的对象。所以，在这个去中心化与全球化交织的新金融时代，每一个参与者都必须具备最基本的"防御力"。

5.1 合规监管，建立安全屏障

稳定币的快速崛起，引发了各国监管机构的高度关注。对于普通用户来说，监管似乎是"事不关己"的事情，但实际上，它与我们每一个人的资金安全、交易信任乃至资产归属权都息息相关。只有在明确监管边界、建立合规机制的前提下，稳定币的使用才真正安心、可靠。

5.1.1 全球主要监管动向

针对快速扩张的稳定币，全球监管机构正由"观望"转向"行动"，美国、欧盟和中国香港地区、新加坡等亚洲金融中心，正在制定专门针对稳定币的法规体系，以防范系统性风险并保障用户权益。其中，美国《GENIUS法案》的推进，成为全球监管范式的重要参考。

1. 美国：全球监管风向标

作为全球金融体系的核心组成部分，美国在稳定币监管方面的举措常被各国政策制定者参照。然而，这个参考框架并非一开始就清晰有力。事实上，在正式立法出台前，美国经历了一段监管碎片化、角色重叠的混乱阶段，也正是在这不断碰撞和调整的过程中，逐步确立起以"用户权益保护"为核心的监管框架。

（1）监管混战时代的终结

早期，美国对于稳定币的监管呈现"谁都想管、谁也管不全"的碎片化格局。SEC（证券交易委员会）、CFTC（商品期货交易委员会）、财政部下属FinCEN（金融犯罪执法网络）等机构各自从证券属性、商品属性、反洗钱等角度施加影响。这种多头监管不仅导致项目方合规路径混乱，也让用户陷入"被监管"但得不到保护的尴尬境地。

（2）《GENIUS法案》确立"用户优先"原则

《GENIUS法案》于2025年7月18日由美国总统签署正式生效，标志着美国建立了首个联邦级别的稳定币监管框架，为稳定币市场带来了制度透明度和信任基础。

《GENIUS法案》确立了"用户优先"的监管理念，被业界形象地称为"稳定币用户权利宪章"，它有四大支柱，如图5.1所示。

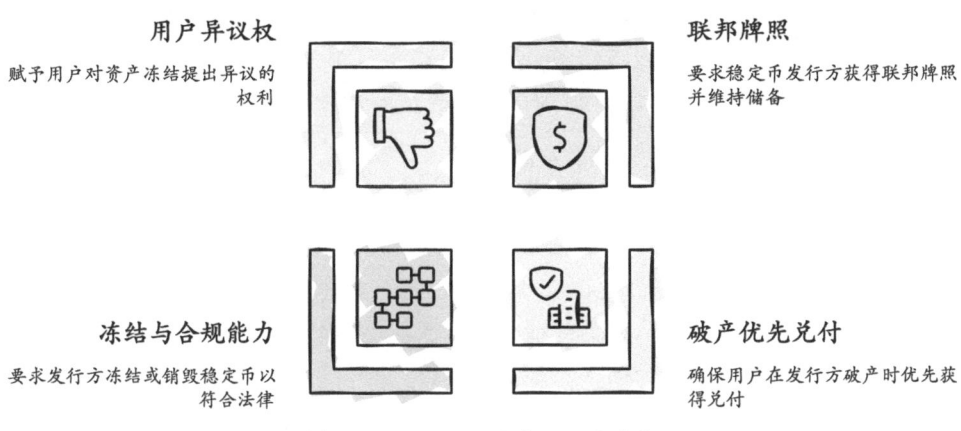

图 5.1 《GENIUS 法案》四大支柱

1）联邦牌照与储备资产要求。《GENIUS 法案》要求所有"支付稳定币发行方"必须申请联邦级牌照，同时提供 1∶1 可验证美元或高流动性资产的储备支持，严格禁止将储备再投融通或二次融资使用。

2）破产优先兑付用户。《GENIUS 法案》明确规定，当发行平台破产时，储备资产必须优先用于偿还稳定币持有人的兑付请求，而不是用于偿付平台其他债权人，这一条款有效保障了用户资金安全。

3）冻结、销毁与合规能力要求。《GENIUS 法案》要求发行方具备技术能力，能够依法冻结、销毁或阻止转移稳定币，以配合司法或监管命令执行，并需纳入《银行保密法》及反洗钱/制裁合规体系。

4）用户异议与数据访问权保障。《GENIUS 法案》赋予用户资产冻结异议权与数据访问权，也就是说若资产被不当冻结，用户可提出申诉，并且能够查看自己资产的去向，此举显著提升了链上透明度与信任机制。

除了以上几点，《GENIUS 法案》还禁止发行方提供收益，要求反洗钱合规、月度储备披露、市场营销明示，并对国会议员等官员支付发行稳定币设立禁止条款，全面保障用户利益。

《GENIUS 法案》不仅构建了美国首个面向稳定币的联邦监管体系，也将稳定币排除在证券法范围之外，以支付工具身份进行监管，明确定位于银行监管框架而非证券监管框架。

（3）对平台运营的透明度要求

《GENIUS 法案》进一步要求稳定币项目每季度必须公开储备资产构成、链上发行量、交易流向等关键数据，并接受经注册审计机构的独立审计。这一制度安排，直接打击了"黑箱操作"和资产挪用等风险操作，同时使普通用户能够通过链上数据核实资产保障情况。监管目标也从最初防范"系统性风险"逐步转向"保障微观用户利益"，体现出监管政策的理念更新。

2. 中国香港地区：抢占全球监管新高地

在全球争夺Web3和稳定币话语权的竞赛中，中国香港地区的表现也很积极。作为国际金融中心之一，中国香港地区不仅具备完善的法律框架和金融基础设施，更在过去三年内迅速确立了清晰、进取、系统化的稳定币监管框架。从政策倡议到立法落地，从金融基础设施对接到Web3生态融合，中国香港地区正以令人瞩目的速度完成一场"金融规则重构"。

（1）监管政策时间线

中国香港地区的稳定币监管并非一蹴而就，而是在一系列阶段性政策推动下稳步推进：

2022年1月，香港金融管理局（简称金管局）发布《稳定币与加密资产讨论文件》，提出应对"以资产支持型稳定币为优先监管对象"，明确了监管初步方向。

2023年2月，香港特别行政区财政司司长在预算案中强调将继续探索适配稳定币发展的监管制度。

2023年12月，香港特别行政区财政司和金融管理局联合发布立法建议咨询文件。

2024年7月，香港特别行政区财政司和金融管理局推出公众咨询总结与建议方案，明确监管原则，包括持牌制度、100%资产储备、本地托管和支付导向等。

2025年5月，《稳定币条例》经香港特别行政区立法会审议通过，将于2025年8月1日正式施行，成为中国香港地区首部稳定币专项监管法案。

从初步探讨到法规落地，中国香港地区仅用三年时间完成了从理念到制度的闭环，速度与系统性在全球范围内都属领先。

（2）监管制度设计

根据《稳定币条例》的框架设计，中国香港地区的稳定币监管制度展现出五大核心特征：

1）发行牌照制度。稳定币发行人需取得由香港证券及期货事务监察委员会（简称香港证监会）或金融管理局核发的稳定币发行牌照，未持牌者不得在港公开发行或流通。

2）储备金要求与资产范围。所有稳定币需实现 100% 准备金，储备资产包括现金、短期港币债券、美元票据等高流动性资产，需由中国香港本地银行托管。

3）托管与审计机制。发行人必须委托本地金融机构进行资产托管，定期聘请独立第三方审计机构进行资产核查，并每季度向公众披露审计结果。

4）功能定位与用途限制。监管定位稳定币为"支付工具而非投资产品"，其合法用途仅限于支付结算、跨境贸易、供应链清算、Web3 消费等领域。

5）鼓励港币稳定币发展。对锚定港币的稳定币项目，如 HKDG、HZD，给予"监管优先通道"与金融科技实验支持，推动"数字港币生态"的民间补充建设。

这一制度既确保了用户资金的安全与透明，又通过牌照准入与应用边界管控杜绝了"伪稳定币"混入市场。

（3）Web3 协同战略

中国香港并未将稳定币孤立看待，而是将其作为 Web3 战略中不可或缺的价值锚定层、支付底层与合规桥梁，协同打造全球领先的数字金融生态：

1）与虚拟资产交易平台制度协同。自 2023 年起，中国香港地区已实施 VASP（虚拟资产服务提供者）牌照制度，允许合规平台使用本地发行稳定币进行链上交易、借贷与支付。

2）嵌入"金融科技 2025"战略。稳定币被纳入金融管理局推动的金融科技五年蓝图，作为 e-HKD（数字港币）的民间互补力量，共同提升中国香港地区的跨境支付能力。

3）鼓励创新与私营试点。香港科技园、数码港等创新平台对合规稳定币项目提供孵化支持；同时，通过沙盒机制允许 Web3 项目探索链上支付、游戏、预言机对接等新型场景。

4）增强人民币稳定币的桥梁作用。由于地理和经济特殊性，中国香港地区也被视为推动"人民币锚定稳定币"试点的天然桥梁，可在东南亚与全球市场中拓展人民币影响力。

中国香港地区的政策设计，实质上是在传统金融与 Web3 之间搭建桥梁，并以稳定币为"流动核心"，重构价值流通的底层逻辑。这不仅有助于引导全球 Web3 资本与技术回流中国香港地区，也将中国香港地区推向"稳定币国际规则制定者"的行列。

3. 其他金融大国监管政策

欧盟、新加坡、迪拜、日本等地也在稳定币监管方面快速行动，力图在全球数字金融竞争中抢占一席之地。这些国家或地区的监管政策虽然风格各异，但都围绕"储备透明""反洗钱合规"和"系统性风险防控"展开，形成了一条"渐趋统一、各有侧重"的全球稳定币监管路径。

（1）欧盟：MiCA 正式生效，统一监管框架

2023 年 6 月，欧盟正式通过并于 2024 年 7 月全面实施《加密资产市场监管法案》（MiCA），成为全球首个涵盖稳定币等加密资产市场的统一监管法案。MiCA 为"电子货币代币（EMT）"和"资产参考代币（ART）"分别设立不同监管标准，要求稳定币发行方必须设立欧洲实体，持有足额准备金，并满足信息披露和操作透明度要求。该法案还规定，任何单一稳定币的日交易量若超过 100 万笔，需接受更高强度的欧洲央行审查。

这一政策的实施，标志着欧盟在合规先行方面取得制度优势，也为其他国家提供了可借鉴的监管模板。对于用户而言，MiCA 提供了更清晰的权利保障，如明确用户资产优先兑付权，以及不当冻结时的上诉路径。

（2）新加坡：渐进式监管，拥抱创新

MAS（新加坡金融管理局）从 2020 年起便开始探索稳定币监管路径，其核心策略是在风险可控前提下，鼓励合规创新。2023 年 MAS 发布关于"合格稳定币"的新监管框架草案，2024 年 8 月正式实施。

该框架规定，只有锚定法定货币、1∶1 全额储备、储备资产托管于受监管银行，并定期接受审计的稳定币，才可获得"合格稳定币"资格。合规稳定币可以在本地支付系统中使用，并纳入 MAS 沙盒机制予以监控和支持。

值得注意的是，新加坡不仅鼓励本地企业发行稳定币，也欢迎国际项目在新加坡设立合规实体。Binance、Circle 等公司均在新加坡获得 VASP 许可，推动该地成为"稳定币与 Web3 创新实验场"。

（3）迪拜、日本等：差异化路径与国际对接

迪拜在虚拟资产监管领域积极布局，致力于构建完善的稳定币监管体系。2022 年，迪拜设立了专门的 VARA（虚拟资产监管局），其职责是协同联邦层面的 SCA（证券及商品监管局）以及 CBUAE（阿联酋中央银行）的虚拟资产法规，对迪拜酋长国（除迪拜国际金融中心外）的虚拟资产服务提供商进行全面监管，涵盖虚拟资产交易所、虚拟资产风险投资基金、NFT 平台等各类主体。

日本方面则更为谨慎。2023 年 6 月通过的《改正资金结算法》规定，稳定币发行必须由银行或信托公司主导，个人和一般公司不得擅自发行。此举虽限制了民间创新活力，却有效阻断了非合规项目混入金融系统的风险。

此外，韩国、澳大利亚等国家也正推动类似立法草案，意图加强监管协同，并在未来全球跨境支付与资产代币化中拥有话语权。

总体来看，虽然不同国家的监管模式差异显著，但趋势渐统一：即在防范风险的基础上，通过立法与监管接口，接纳稳定币进入法币主导的金融体系。在这个大背景下，合规、透明、安全，正成为稳定币项目能否获得全球市场信任的必要门槛。

5.1.2 合规账户与报告

稳定币要想在全球范围内获得金融体系的认可，合规性是重中之重。无论是储备金的审计披露、银行托管账户的设置，还是日益严格的 AML 与 KYC 流程，都是合规监管的核心要素。

1. 储备金审计披露

稳定币之所以能维持价格稳定，核心在于背后有足额储备资产作为支撑。但这套逻辑要真正成立，前提是公众能够确切知道这些储备是否真实存在、金额是否充足、管理是否规范。否则，稳定币就只是一张空头支票。因此，越来越多国家和地区将"储备金审计"（见图 5.2）作为稳定币监管的基础要求。对于用户而言，透明度的高低直接决定了其对某种稳定币的信任程度。

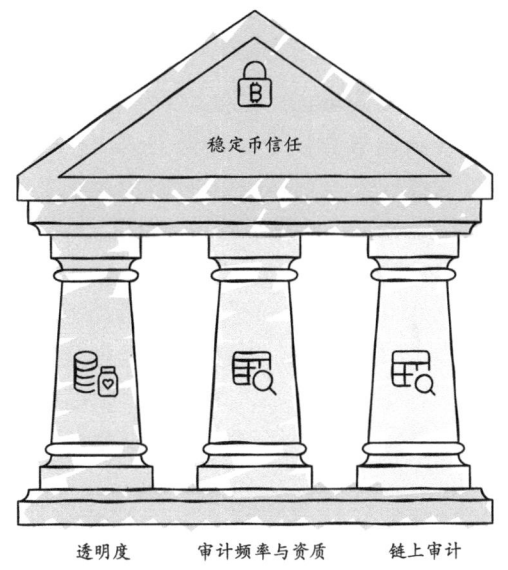

图 5.2 基于"储备金审计"的稳定币信任架构

(1) 透明度成为合规底线

稳定币发行方是否定期公开储备金数据，已经成为判断其合规性的基本标准。在美国，《GENIUS 法案》明确要求稳定币提供详尽的储备披露，并接受注册会计师的独立审计。例如，USDC 由 Circle 发行，其每月都会公布详细报告，列明储备中现金与短期美债的具体比例，以及存放银行的情况。相比之下，一些未披露储备细节或数据不稳定的项目，往往更容易引发市场信任危机。

(2) 审计频率与机构资质

除了是否披露储备，"谁来查、查多久"也是用户关心的重点。一份合规的储备金审计报告，不能只是"走过场"的内部自查，而应由具备公信力的第三方审计机构定期出具。

在美国，《GENIUS 法案》要求稳定币发行方须聘请持牌审计公司进行每月审计，并定期向监管机构备案。Circle 的审计合作方是全球知名会计公司 Grant Thornton，其报告不仅对公众公开，还接受监管抽查。

在欧盟的 MiCA 框架下，稳定币也需至少每季度提交一份审计摘要，并接受欧盟成员国央行的监管审查。

对于用户来说，了解稳定币项目是否长期与权威机构合作、是否能保证高频次的审计披露，是判断其风险等级的重要线索。一些项目在牛市高峰时"月报勤更"，但在熊市后悄然"失联"，这类操作往往意味着背后的资金状况并不稳定。

(3) 链上实时审计

随着区块链数据透明特性的增强，链上审计正在成为一种新的趋势。有些稳定币项目尝试将部分储备信息直接记录在链上，如将美债托管信息用链上凭证加密标记，或将银行余额的变动由 API 实时同步至链上状态。这种做法虽然还在初步探索阶段，但已经被不少监管机构所关注。

对用户而言，链上审计能提供更高频、更客观的数据验证方式，减少人为干预的可能性。未来，在 AI 自动审计和智能合约辅助下，储备金的状态有望实现"分钟级更新"，形成比传统月度审计更强的安全防线。

这不仅增强了用户对稳定币的信心，也将为全球稳定币合规化发展打开新的路径。尤其是在跨境场景下，链上实时审计将成为监管互通、用户信任与项目透明的"共同语言"。

2. 银行托管要求

储备金的真实性不仅取决于是否审计披露，还取决于这些资金究竟存放在哪里、由谁保管。在多个国家和地区的稳定币监管框架中，"银行托管"被视为保障用户权益的第二道防线。让储备金交由持牌银行或合格金融机构托管，有助于防止发行方挪用资金、提高资产安全性，并在极端情况下实现资金的可追溯与清算。

（1）托管机构必须受监管

无论是在美国、欧盟还是中国香港地区，越来越多的监管政策要求稳定币储备资金必须存放在受监管的银行或金融机构。《GENIUS 法案》草案指出，托管银行需符合联邦或州级合规要求，而非由稳定币发行方自行设立的账户。Circle 将 USDC 的储备金分别存放于摩根大通、纽约梅隆银行等大型合规银行中，正是为了确保安全性与合规性。

（2）避免"资金黑箱"风险

部分历史事件表明，未托管或托管机构不透明可能带来巨大风险。Tether 早年因储备资金未全部托管于银行、部分资金流入关联企业账户而被纽约州总检察长调查并罚款。此类事件提醒行业，稳定币只有将资金置于第三方托管之下，才能真正赢得监管层与公众的信任。

（3）合规托管推动监管牌照化

多个司法辖区已经将银行托管视为稳定币申请牌照的前提。例如，新加坡要求大型稳定币发行人在申请牌照时，需提交储备资金的银行托管协议；中国香港地区《稳定币条例》也明确指出，非银行机构如要发行稳定币，需将所有储备资产托管于本地认可银行。这种制度设计，推动了稳定币行业向更严谨的金融规范靠拢。

3. AML、KYC 合规措施

除了资产的真实性与托管机制，监管机构对稳定币合规性提出的另一个核心要求，就是能否有效执行 AML 与 KYC 制度。稳定币虽然本质上是一种支付工具，但其"链上自由转账""跨境无障碍流动"的特性，也让它更容易被洗钱活动所利用。因此，在全球范围内，强化稳定币的身份识别和交易监控，已成为监管重点。

（1）身份认证成为合规门槛

《GENIUS 法案》明确规定，稳定币发行方必须收集用户 KYC 信息，包括身份、地址、国籍等基本信息，并与 OFAC 等制裁名单数据库进行核对。Circle 等合规型发行人早已在注册账户、生成钱包地址前就完成 KYC 认证。通过这些机制，监管方希望在链上交易实现"合规入场"。

(2) 交易监控与反洗钱报告机制

除了身份核验，稳定币平台还需具备链上交易监控系统，及时识别大额异常交易、快速追踪可疑资金流向。例如，香港金融管理局鼓励稳定币平台使用链上分析工具，主动上报可疑交易记录。欧盟 MiCA 法案也要求稳定币运营者遵守反洗钱指令，建立内部可疑交易报告机制，与执法机构保持数据通道畅通。

(3) 隐私与合规的平衡挑战

虽然身份审查和交易监控是防范非法活动的重要手段，但过度的 KYC 要求也可能影响用户隐私与去中心化体验。当前，部分新型稳定币项目尝试引入"零知识证明"等隐私计算技术，既能保留身份验证的必要性，又尽量减少了用户数据暴露。这种"合规嵌入式设计"，可能成为未来稳定币政策的主流方向。

5.1.3 未来监管趋势

随着稳定币与金融系统的日渐融合，全球各国已不再满足于"补漏洞"式的监管，而是开始构建系统化、前瞻性的监管框架。接下来几年，稳定币将面临一场深刻的"牌照化"浪潮，数据透明与跨国合规协作也将成为基本要求。对发行方而言，门槛将不断提升；而对用户来说，未来的稳定币世界或许更安全、更透明，但也可能不再"无门槛自由"。理解这些趋势，有助于每一位使用者看清未来图景。

1. 稳定币牌照制度

稳定币发行越来越像是一项"准金融业务"，要想参与其中，拿到"牌照"或许将成为必要前提。以下几个方面是构成全球共识的关键。

(1) 全球开始推动"持牌发行"

过去，很多稳定币项目"先上路后报备"，甚至绕开监管灰区，但这种野蛮生长时代正在逐步终结。从美国的《GENIUS 法案》、欧盟的 MiCA 法案，到中国香港地区的《稳定币条例》，"持牌发行"正在成为共识。未来，只有获得监管许可、满足储备金、审计、合规要求的机构，才能合法发行稳定币。这意味着稳定币项目将向"金融机构化"靠拢，门槛高了，用户信任度也更容易建立。

(2) 金融牌照将成"市场通行证"

稳定币牌照可能会类似传统金融业中的银行牌照或支付机构许可，不同国家对牌照内容的要求会有所区别，但通常涵盖：资产储备结构、审计频率、公司治理、风险管理、IT 安全等多个维度。没有牌照的项目将面临下架、封禁、交易所拒绝支持等风险。而对持牌项目来说，合规本身就是一项竞争优势。

(3)"类央行角色"浮现

未来部分稳定币发行方可能获得与"准中央银行"类似的地位，承担部分清算、支付、跨境结算职能。例如，在新加坡等地，一旦稳定币被纳入法定金融体系，不排除会被用于部分公用事业缴费、跨境商贸结算等领域。此时，其对用户影响将远超目前的"加密圈"应用范围。

2. 旅行规则与数据互通

在更严格的监管视角下，稳定币交易也无法"隐身通行"。信息披露和数据共享将成为跨境监管协调的焦点：

(1) 什么是"旅行规则"

"旅行规则"原本是 FATF 对银行和支付机构的信息披露要求：一笔转账的发送方和接收方的身份必须能够被记录和共享。这一规则现在被拓展至 VASP，稳定币平台和钱包服务商也必须记录和传递用户身份信息。

(2) 跨境数据互通将成标配

未来，各国金融监管机构之间将建立起类似"跨境 KYC"系统的机制，实现稳定币用户信息、交易数据在多个司法辖区的合规共享。这虽然加强了反洗钱、反恐融资的能力，但对用户隐私也提出了挑战。如何在隐私保护与合规要求之间找到平衡，将是未来政策的重要方向。

(3) DeFi 平台将被纳入监管

以往"旅行规则"只针对中心化平台，而去中心化协议曾因"无主体"被豁免。但未来几年内，监管机构将尝试对 DeFi 平台进行技术型监管，如要求接入链上 KYC 模块、限制匿名钱包访问等。这意味着，即便用户通过 Web3 钱包参与稳定币相关活动，也可能在链上留下可追溯的"身份痕迹"。

3. 稳定币监管演化

监管趋势的深化，不仅改变了稳定币项目的"生存环境"，也将重塑用户的使用体验和风险认知，如图 5.3 所示。

(1) 合规成本提高

稳定币项目若想进入主流市场，必须投入大量资源满足监管要求，包括法律顾问团队、审计流程、合规人员配置、技术升级等。对于中小团队而言，这将显著拉高启动成本，可能使"强者恒强"的格局进一步固化。

(2) "实名制"常态化

用户过去习惯的"无须实名、直接使用"的方式将逐渐被改变。未来，无

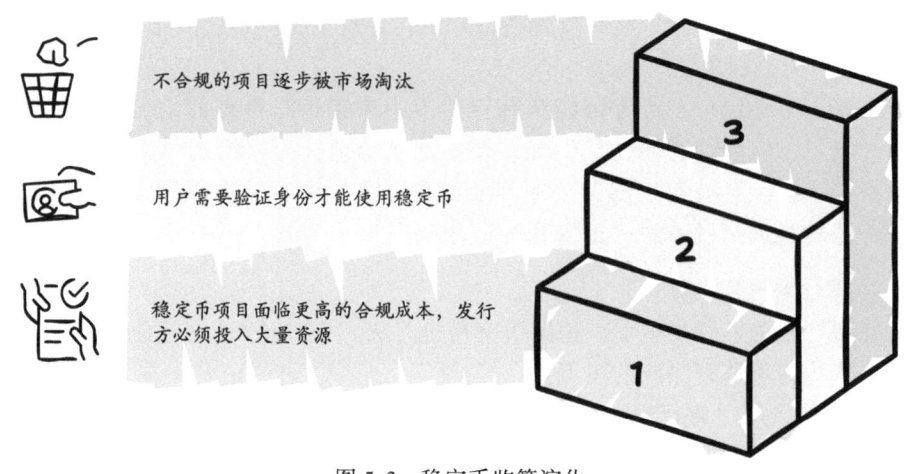

图 5.3　稳定币监管演化

论是用稳定币转账、收款，还是参与 DeFi 借贷、跨境结算，可能都需要绑定身份信息，甚至可能要通过数字身份进行链上验证。这虽然牺牲了一部分匿名性，但换来了更强的用户保护。

(3) 非法项目清除

对普通用户来说，这是一大利好。随着全球监管趋严，那些没有储备金、无审计、操作不透明的"伪稳定币"项目将被逐出市场，投资风险显著下降。用户不再需要靠"项目方口碑"来判断稳定币是否可靠，而是可以依赖合规背书和审计报告做出理性选择。

稳定币正走在从"灰色地带"走向"金融正轨"的关键阶段。未来的稳定币世界，不再是技术狂欢的试验场，而是全球金融体系的一部分。对于使用者而言，理解这些监管趋势，不只是合规层面的准备，更是判断产品优劣、参与方式和风险控制的重要参考。

5.2 脱锚如何引发连锁崩盘

稳定币的最大优势就是价值稳定。但一旦偏离锚定价格，特别是失去与法币 1∶1 的对应关系，便会动摇用户信心、引发市场恐慌，甚至诱发整个 Web3 生态的系统性风险。稳定币的"脱锚"，不是孤立的技术性偏差，而是一连串连锁反应的开端——价格波动、挤兑风暴、清算潮、资产崩溃……犹如一个多米诺骨牌被推倒，后果难以收拾。

5.2.1 脱锚的成因与机制

稳定币一旦"脱锚",看似只是价格浮动几个百分点,实则可能引发整个平台的流动性危机,甚至导致整个生态系统的信任崩塌。要理解这一现象,必须从其机制本身出发,逐步拆解稳定币为何会偏离锚定价格、如何引发市场连锁反应,以及其在算法设计中隐藏的结构性风险。

1. 脱锚的触发点

在表面上,稳定币的目标很简单:锚定某种价值,比如 1 美元。但实际上,要维持 1∶1 的锚定比例却远比想象中复杂,尤其是在市场挤兑压力、储备资产波动或机制设计不完善的情况下,稳定币就容易出现价格偏离,即所谓的"脱锚"(见图 5.4)。对于普通用户来说,一旦脱锚,就意味着手中的 1 美元稳定币可能只值 0.9 美元,甚至更低。

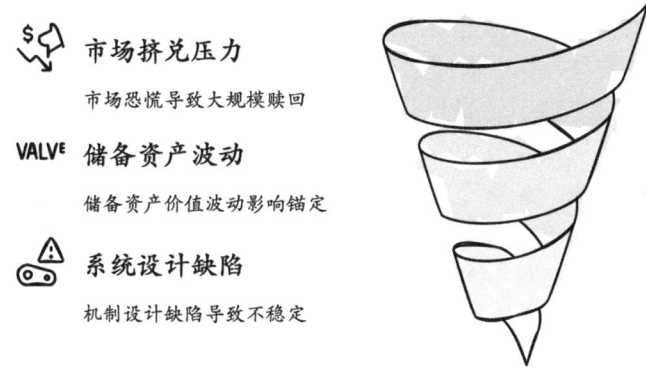

图 5.4　稳定币脱锚的三大因素

(1)市场波动与挤兑压力

稳定币之所以"脱锚",最直接的原因往往是市场信心崩溃导致的集中赎回。在剧烈波动的行情下,用户担心稳定币的安全性,会在短时间内大量抛售或申请赎回,这种"挤兑式"的行为会迅速消耗项目方的储备资产,导致无法 1∶1 足额兑现,价格随之下跌。例如,2022 年 UST 事件中,大量用户在短时间内尝试套现,最终造成"死亡螺旋"。

(2)储备资产价值波动

即使一个稳定币在初期储备充足,但储备资产本身如果存在价格波动,也会影响锚定效果。特别是以加密资产为抵押的稳定币,如果以太坊或 BTC 大幅贬值，抵押品价值缩水，就会引发清算机制，甚至导致价格崩盘。例如，DAI 在极端行情下也曾因 ETH 暴跌导致抵押不足，出现短时脱锚。

（3）系统设计与治理缺陷

机制设计本身也是脱锚的潜在根源。一些稳定币项目为了提升资本效率，采用部分储备或算法模型维稳，如果没有合理的调控机制，就难以应对突发的市场压力。再加上 DAO 治理中反应滞后或治理分歧，也可能导致无法及时修正利率参数或储备策略，形成制度性脱锚风险。

2. 市场恐慌与挤兑链式反应

当稳定币偏离 1∶1 锚定触发市场疑虑时，如果项目方不能立即恢复锚定，就会迅速演变为更大范围的恐慌性挤兑。而这种恐慌并不止于一币一项目，它往往会在整个市场引发连锁反应，甚至引发系统性危机。稳定币的"信用机制"一旦动摇，市场信心便会崩塌。

（1）市场雪崩式反应

用户持有稳定币的前提是相信它能随时 1∶1 兑换法币或等值资产。一旦这个信念破裂，用户往往第一时间选择抛售或赎回，不愿成为"最后的买家"。这种情绪化反应，会迅速引发卖压、交易量暴增、价格进一步下跌，构成恶性循环。例如，UST 在初步跌至 0.98 美元时，市场并未理性等待其恢复锚定，而是迅速进入恐慌性赎回，最终导致彻底失控。

（2）跨链资产同步恐慌

很多稳定币是跨链流通的，如发行在多个网络上的同一币种，当某一网络上出现脱锚迹象，可能会通过桥接机制引发其他网络同步恐慌，导致多个市场价格同时下跌。例如，USDT 一度在 TRON 和以太坊链上出现价差，造成套利者、机器人高频搬砖操作，进一步加剧了链上流动性稀缺。

（3）DeFi 的放大效应

稳定币广泛嵌入 DeFi 协议中，用于借贷、流动性提供、保险、清算等核心功能，一旦价格波动，便会触发清算阈值、大量抵押品被强制拍卖，从而进一步冲击市场。例如，一次脱锚可能导致数亿美元的清算交易，借贷池中资金迅速流失，引发项目"宕机"或协议暂停服务。

稳定币一旦脱锚，远不只是价格波动这么简单，而是会在短时间内诱发一连串极具破坏力的市场反馈。

3. 算法稳定币的特殊风险

与法币储备型或加密抵押型稳定币不同，算法稳定币依赖"程序规则"而非实物储备来维持锚定汇率。这类机制看似"优雅",实际上却极易在市场剧烈波动时失效,成为"最容易陷入死亡螺旋"的稳定币类型。

(1) 市场信心驱动的脆弱模型

算法稳定币往往通过智能合约调整供需,如当币价低于 1 美元时销毁稳定币、鼓励买入,当币价高于 1 美元时增发以抑价。这种机制本质上依赖用户对"未来币值回归"的信念。一旦信心瓦解,机制无法及时产生修复效力,反而会放大波动。例如,UST 依靠 LUNA 销毁/铸造联动来维持锚定,但当市场怀疑 LUNA 本身价值时,整个体系会迅速崩溃。

(2) 缺乏底层资产支撑

相比 USDC 等由法币储备支持的稳定币,算法稳定币并无实际资产托底。在危机时刻,没有"最后的买家"可以维持其价格,也缺乏"底价回购"机制来制止抛售潮。因此,一旦遭遇脱锚,很难通过人为或算法手段稳定局势。就像在滑坡中没了"护栏",只靠脚刹是无效的。

(3) 套利机制的失灵

很多算法稳定币设有激励机制,允许用户在币价低时兑换系统代币套利、帮助回锚。然而在极端市场中,套利者可能因恐慌不愿参与,或系统代币本身已大幅贬值,导致套利机制陷入瘫痪。例如,2022 年 UST 跌破 0.9 美元时,理论上用户应兑换 LUNA 进行套利,但 LUNA 价格已崩,预期收益为负,套利机制形同虚设。

算法稳定币的设计曾被视为去中心化金融的"高光探索",但现实证明,仅靠算法维稳远不如想象中稳固。机制"优雅"并不能替代信任与储备,当市场信心动摇时,它们往往是第一批被推向深渊的"脆弱资产"。

综上可见,无论是因为储备不足、用户恐慌还是机制失灵,稳定币偏离其 1∶1 锚定汇率的过程,往往是连锁反应的起点。一旦脱锚触发,若未能及时有效干预,就可能迅速演变为系统性风险。

5.2.2 典型脱锚事件

稳定币的"锚定"看似牢不可破,实则是多个机制环环相扣、动态平衡的结果。一旦某一环节失效,可能瞬间引发价格偏离乃至系统崩溃。每一个脱锚事件的教训都揭示了稳定币"稳定"背后的脆弱真相。

1. UST 脱锚事件

这是稳定币历史上最具标志性的崩盘案例,UST 的脱锚让整个行业重新审视算法稳定币的可行性。

(1) 双币联动设计的风险累积

UST 采用的是一种去中心化算法模型，通过与 LUNA 的双币系统保持价格锚定。用户可以用 1 美元的 LUNA 兑换 1 个 UST，反之亦然，系统通过这种套利机制调节供需。然而，这一模型依赖市场参与者持续套利且对 LUNA 有足够信心，一旦市场恐慌，机制本身就可能反向加速崩盘。

(2) 市场恐慌引爆死亡螺旋

2022 年 5 月，受市场原因，UST 持有者开始大量赎回 UST，导致系统持续增发 LUNA 以维持价格锚定。大量的 LUNA 涌入市场又导致 LUNA 迅速贬值，LUNA 贬值进一步推动了 UST 下跌，助长了市场恐慌情绪，越来越多的用户开始赎回 UST。

这个过程中，原本设计中"回收 UST、平抑波动"的机制反而成为"不断贬值、持续下跌"的死亡循环（见图 5.5）。不到一周时间，UST 从 1 美元跌至 0.1 美元以下，LUNA 归零，市值蒸发数百亿美元。

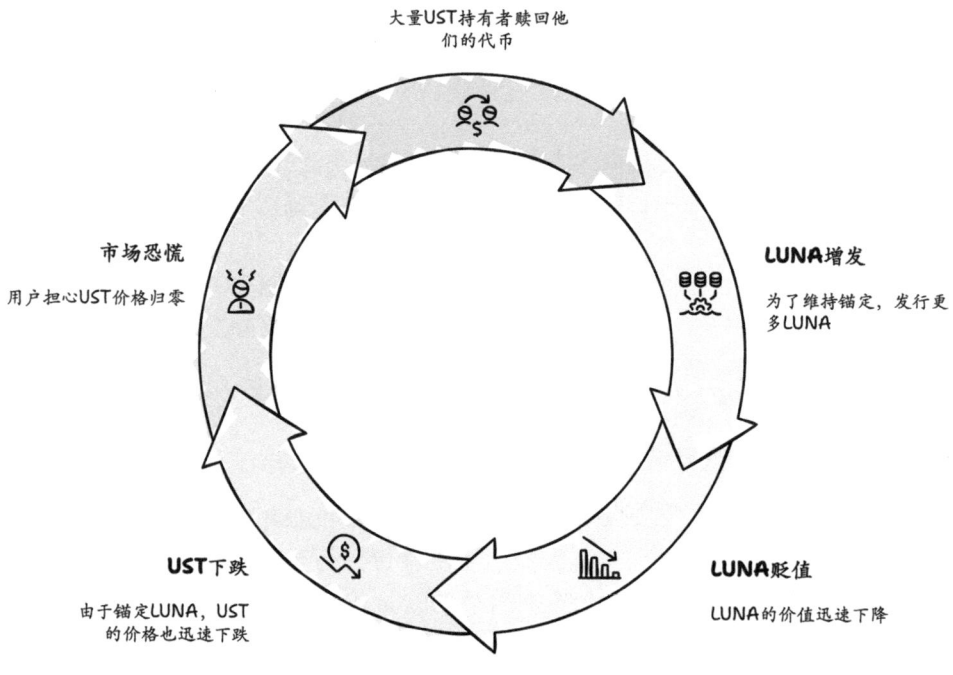

图 5.5　UST-LUNA 死亡循环

（3）行业与监管的连锁反应

这场崩盘不仅摧毁了数百万用户的信任，也导致多个 DeFi 协议、CeFi 平台乃至一些传统机构资金遭遇系统性亏损。美国财政部在事件后首次提出稳定币监管草案，全球对算法稳定币的容忍度急剧下降。

2. 小币种的"闪崩"现象

不只有大项目才会脱锚，一些中小型稳定币在交易量稀少、机制简单的背景下，更容易出现"闪崩"。它们的价格在短时间内急剧下跌，严重偏离锚定水平。

（1）一夜归零

Neutrino USD（USDN）是基于 Waves 链发行的一种算法稳定币，由 WAVES 作为抵押资产。2022 年，WAVES 项目方疑似人为推高币价，再通过借贷协议抵押超发 USDN，引发用户质疑。恐慌蔓延后，USDN 大规模赎回，清算机制未能及时生效，最终稳定币价格快速跌破 0.5 美元，此后再难回归锚定，最终被交易所下架。

（2）波动易传导

这些小币种通常没有多抵押资产、动态清算保护或稳定费调节机制，抵御极端行情的能力极弱。加之交易深度薄弱，单一大额卖单就可能触发连锁下跌。例如，USDN 当时在部分交易对中日成交额不超 5 万美元，却遭遇上百万抛压，价格自然难以支撑。

（3）信任难以修复

和 UST 不同，这类项目往往缺乏广泛的用户基础和资金兜底能力。即便后来尝试引入担保基金或外部支持，用户对其"1 美元等值"的信任已无法重建，项目往往走向沉寂。

3. 链上清算引发的脱锚风暴

即便是声称"机制最完善"的去中心化稳定币 DAI，也曾在极端行情中出现短期脱锚，暴露出清算与链上机制的局限性。

（1）"黑色星期四"危机

2020 年 3 月 12 日，黑天鹅事件引发股市暴跌，以太坊价格一夜从 190 美元跌至 90 美元，大量 Maker Vault 仓位触发清算。但由于网络拥堵，清算拍卖失败，抵押品被 0 元竞拍，导致 DAI 系统产生 400 万美元的坏账。当日，DAI 价格一度升破 1.10 美元，出现正向脱锚。

(2)清算执行延迟

去中心化清算依赖预言机价格与链上计算，但在行情剧烈波动时，ETH Gas 暴涨、交易确认变慢，导致清算机器人无法及时触发，清算执行滞后，使整个系统面临"纸面抵押充足、实际无法执行"的困境。

(3)机制需持续升级

事件发生后，Sky Protocol 进行了多项机制升级，包括引入链下预言机仲裁、优化拍卖机制、支持多种资产抵押等。

这次事件证明，稳定币即使设计良好，也需持续修复盲点，增强抗风险能力。

5.2.3 如何降低脱锚风险

无论是哪种类型的稳定币，只要不能维持其应有的兑换比例，就可能引发崩盘危机。因此，比起事后补救，更重要的是在机制设计、信息透明度以及资产配置等方面提前做好了解，拥有一套完善的稳定币风险管理策略，如图 5.6 所示。

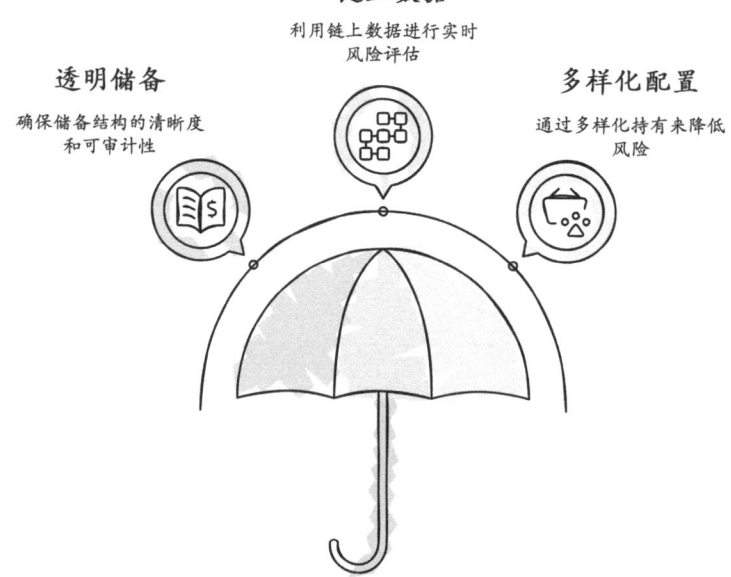

图 5.6 稳定币风险管理策略

1. 选择储备透明的稳定币

在实际应用中，用户最直观的防护方式就是优先选择那些储备结构公开、审计制度严格的稳定币。储备的透明程度，往往决定了一旦市场发生动荡时，用户是否能及时了解背后的资产保障，从而做出应对决策。

（1）USDC 的公开审计机制

USDC 作为合规型稳定币的代表，其资产完全托管于受监管金融机构之中，并由知名会计事务所定期发布审计报告。用户可实时查阅其官网披露的储备详情，包括美债与现金比例等。正是这种极高的透明度，让 USDC 在每次脱锚风波中都能迅速恢复信心。

（2）USDT 的储备争议与应对

相比之下，USDT 虽然市值最大，却因披露不完整、审计缺失而屡次遭受质疑。尽管 Tether 公司近年来已逐步改善透明度，发布季度储备报告，但仍无法完全打消市场疑虑。因此，即便它拥有广泛流通性，部分风险敏感型用户仍倾向于优先配置 USDC。

（3）避免持有储备结构不清的稳定币

除了主流项目外，市面上存在大量不透明的小型稳定币项目，它们在官网或白皮书中对储备描述模糊，甚至完全没有独立审计。例如，曾短暂活跃的 USDN（Neutrino USD），就因与 Waves 生态过度绑定、储备成分复杂不清等原因，最终在市场下跌中无法维持挂钩，迅速失去用户信任。

2. 关注链上数据与抵押机制

对于去中心化稳定币而言，其最大优势是"链上透明"，只要愿意查看，用户就能实时了解系统健康状况。比起外部审计，这种机制更加自动、开放，也成为许多用户评估风险的重要工具。

（1）Sky Protocol 的抵押率监控工具

以 DAI 为例，其底层协议 Sky Protocol 公开提供了治理仪表盘，用户可查看总抵押资产、市值比率、质押资产种类（如 ETH、WBTC、stETH 等）、清算线与稳定费。这些数据不但公开透明，而且链上实时更新，使用户能够在抵押率临界前及时预警并应对。

（2）LUSD 的自动化保障机制

Liquity 协议发行的 LUSD 采用 100% ETH 抵押，且合约设定不可更改，任何人都无法干预其运行。这种无需人为操作的去中心化自动机制大大降低了操作风险，用户只需通过区块链浏览器或前端页面查看合约状态，即可判断系统是否健康。

(3) 使用链上分析平台做"体检"

用户还可以借助如 Dune Analytics、DefiLlama 等第三方工具，对所持稳定币进行链上"体检"。例如，DAI 的抵押种类是否过于集中？Vault 中是否有大额接近清算线的资产？这些指标都是脱锚发生前的预警信号，可提前帮助用户转移风险。

3. 分散配置避免单一依赖

"不要把所有的鸡蛋放在一个篮子里"这句投资箴言，在稳定币领域同样适用。无论是个人用户还是 DeFi 协议，都应避免对某一稳定币产生单点依赖，否则一旦发生脱锚，损失将难以挽回。

(1) 合理搭配主流稳定币组合

在资产配置上，用户可以同时持有 USDC（合规稳定）、DAI（链上透明）、LUSD（无治理自动化）等稳定币，针对不同用途选择不同项目。例如，跨境支付用 USDC、链上借贷用 DAI、避险仓位用 LUSD，这样一来即便某一稳定币短暂脱锚，其他资产仍可支撑整体稳定。

(2) 防范小币种"闪崩"事件

历史上多个小型稳定币曾因机制设计不当而"闪崩"，如 2021 年的 IRON，在机制套利失败后迅速归零，用户血本无归；2022 年 USDN 的脱锚事件直接影响了整个 Waves 生态。因此，对于那些未经验证、用户极少的稳定币，应尽量减少买入。

(3) 开发者支持多币种模块设计

DeFi 协议开发者也应避免"只集成一种稳定币"的设计模式。在借贷协议、DEX、流动性池等场景中，允许用户选择多种主流稳定币参与，不仅能提升用户信任，也能在某一币种脱锚时继续保持协议运行，减少系统性风险蔓延。

5.3 稳定币用户生存手册

随着稳定币的普及，越来越多用户将其作为日常支付、资产存储甚至跨境结算的工具。但这也吸引了大量不法分子的注意，各类诈骗、盗取行为层出不穷。对于广大普通用户来说，掌握基本的安全意识和操作常识，甚至比理解技术原理更为关键。

5.3.1 常见诈骗手段

在稳定币使用中，诈骗行为往往披着"正常操作"的外衣，最容易让人放松警惕。尤其是初次接触 Web3 生态的用户，常常会误以为自己只是操作失误，实则早已掉入不法分子精心设计的陷阱。下面我们就按照类型梳理几种最常见、最具迷惑性的诈骗圈套（见图 5.7），帮助读者从源头抵抗风险。

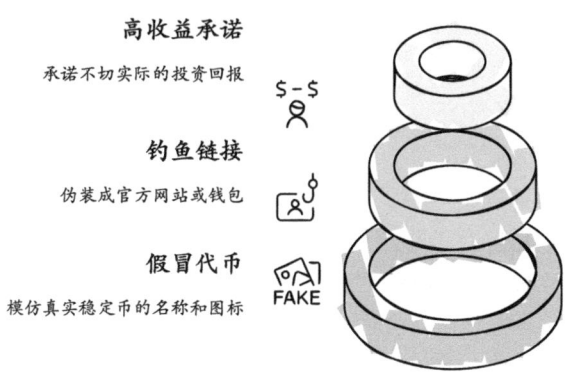

图 5.7 稳定币常见诈骗圈套

1. 假冒稳定币代币

在链上，每个人都可以部署自己的"代币合约"，这就意味着骗子也能轻易创造一个"山寨版 USDT"或"李鬼版 DAI"。对于用户来说，如果不仔细核对代币的合约地址，就很可能误收甚至使用了假的稳定币。假币类诈骗是最基础但也是最常见的一种，下面来看它通常以哪些形式出现。

（1）名称图标高度相似

很多假币项目会刻意模仿真实稳定币的名称，如"USDTT"等，甚至连图标都一模一样，让用户难以分辨。唯一的漏洞往往隐藏在"合约地址"这行小字里。一旦用户在交易时选错，转出的可不是稳定资产，而是毫无价值的空气代币。

（2）利用空投制造信任

还有一些诈骗者采用"广撒网"的方式，直接向用户钱包中空投看似高价值的假冒稳定币。这些币可能显示"价值 100 USDT"，但当你点击交易或兑换时，实际上触发了隐藏的恶意合约，一旦签名，钱包中的其他代币可能就会被自动授权并被盗取。

（3）真实项目退场后的伪装

某些稳定币项目在崩盘或脱锚后，骗子会趁机部署一个类似名称的"新项目"，声称"官方重启"或"V2版本上线"，引诱原用户继续投入。这类"复活型假币"极具迷惑性，特别是对于那些曾参与过初版项目、又未持续关注后续发展的用户。

2. 钓鱼链接与假钱包

相比假冒代币这类"明面上的骗局"，钓鱼链接与假钱包的危险往往更加隐蔽。它们伪装成"官方渠道"或"热门工具"，在你不经意间诱导签名或授权，一旦上钩，轻则盗走稳定币，重则整个钱包资产被清空。这类手法常见于社交平台、搜索引擎结果和浏览器插件之中，尤其需要引起高度警惕。

（1）仿冒官方网站

诈骗者常通过伪造"官方站点"的方式误导用户，如将网址中的某个字母换成形似的字符（如"u"换成"v"，或".com"换成".io"），搭配几乎一样的页面设计，诱导用户在该页面操作转账、兑换或连接钱包。只要连接签名，资产就可能被转移到对方控制的钱包中。

（2）搜索引擎广告投放

很多人习惯用搜索引擎找"USDC官网"或"MetaMask下载"，骗子正是利用这个习惯，通过竞价广告把仿冒网站排到搜索结果前列。一旦点击进入，就会下载到"高仿版"钱包插件或打开虚假的交互页面。因为界面高度相似，哪怕是老用户也有可能因疏忽受骗。

（3）假钱包插件与App

还有一种更隐蔽的做法，是在浏览器或App Store中上线仿冒的钱包软件，这些假钱包通常可以正常创建地址、接收代币，甚至界面流畅、体验良好。但当你往里转入稳定币或输入助记词时，后台就会悄悄将你的私钥上传给攻击者。此类诈骗尤其针对新用户和移动端使用者，危害极大。

3. 虚假承诺高收益

情绪与贪婪往往才是最难防范的陷阱。许多诈骗者正是利用用户对"稳定回报"的渴望，用各种"稳赚不赔"的高收益项目包装骗局让人血本无归。下面来看看这类套路的三种常见变体。

（1）超高收益的假理财

一些平台打着"稳定币存入、高息返利"的旗号，承诺年化利率远高于市场水平,如 USDT 存入年化 30%、七日回本等。这类项目通常没有明确的资金来源,或者伪造了一套看似专业的收益模型,但本质往往是庞氏骗局,依靠新用户的钱支付老用户的利息。一旦资金链断裂,平台就会显示"维护升级"或"系统故障",用户根本无法提现。

(2)"稳赚套利"剧本包装

这类骗局会编造一套"低买高卖""搬砖套利""交易对冲"的剧本,声称可以用 USDC 或 DAI 参与某种算法套利,几小时内就能稳定赚取利差。他们通常会展示一些伪造的截图或区块链转账记录,制造出一副"稳赚"的假象。有些甚至通过微信群、Discord 社群内部"放水",让早期用户获得小额收益,引导后续用户大额投入。

(3)KOL 推荐与背书

诈骗项目还常借助"行业专家"或自称"内部人士"的 KOL 进行宣传。这些人会在社交平台上晒收益、发教程、带社群,一步步引导用户"上车"。某些稳定币项目以 DeFi 创新为幌子,本质上却毫无技术含量,KOL 与项目方联手收割,等到资金充足就突然"跑路"或"被黑客攻击",投资者维权无门。

5.3.2 资金安全习惯

除了外部诈骗手法,用户自身的操作习惯往往才是最容易被忽视的安全隐患。稳定币虽然设计为"稳",但任何链上操作的背后都需要用户承担"私钥责任"。一旦操作失误或遭遇攻击,将会带来不可逆的资金损失。

1. 核实信息细节

在稳定币使用过程中,大量骗局源于用户未能对基础信息进行验证。细节决定安全,越是常见的动作,越容易被攻击者利用。

(1)合约地址必须从权威渠道获取

使用稳定币时,最重要的一步是确保你交互的是"正版"代币。不要依赖钱包搜索栏中的快捷结果,更不能随意点击他人发来的链接。应优先通过项目官网、CoinGecko、CoinMarketCap、官方公告频道等来源获取合约地址,并复制粘贴使用。对于像 USDC、USDT 这类主流代币,也建议用户牢记其主流链上的合约地址,使用前逐字比对。

(2)图标与名称不能作为判断依据

许多钓鱼项目会故意设计成与正版几乎一样的名称和图标,仅修改一个字符或使用 Unicode 伪装，如将"USDC"改成"USDC"（注意这个"D"是伪造字符），或者换成"USDC"（用的是西里尔字母"C"）。这些假币在钱包显示时几乎无法区分，一旦误点进行交互或交易，资金将打入假项目方控制的地址，难以追回。

（3）交易和合约操作应链上确认

无论是进行转账、授权、兑换，还是领取空投，都应养成查看链上数据的习惯。Etherscan、Arbiscan、Solscan 等浏览器能帮助用户追踪资金流向、确认交易状态。不要依赖钱包 UI 中的"成功"提示，务必核实交易的目标地址、合约来源和 Token 信息是否准确。

2. 安全使用钱包

钱包作为用户进入区块链世界的"钥匙"，其安全性直接决定资产命运。要安全使用稳定币，必须养成安全使用钱包的习惯，如图 5.8 所示。

图 5.8　钱包安全使用习惯

（1）分层管理不同钱包角色

建议用户将钱包分为至少三种：日常使用钱包（热钱包）、资产存储钱包（冷钱包）、授权交互钱包（中间钱包）。热钱包用于小额日常支付和 DApp 操作，冷钱包用于长期资产储存，避免暴露私钥，中间钱包仅用于特定授权场景，并不直接持有资产。通过角色分离，可最大限度降低攻击面。

（2）避免频繁授权与无限授权

许多稳定币用户会授权 DApp 操作自己的代币，如使用 USDC 兑换其他资产，但常因图省事而勾选"approve infinite"（无限授权）。这种授权行为若未及时取消，一旦 DApp 被攻击或私钥泄露，攻击者可直接转走账户全部资金。建议用户仅授权必要额度，并定期进入授权撤销平台撤销历史授权。

（3）使用硬件钱包提高安全门槛

硬件钱包将私钥保存在脱网设备中，即使计算机中毒或遭黑客入侵，也无法直接获取密钥。虽然初期学习门槛较高，但对于持有较多稳定币的用户来说，这是几乎必需的安全配置。特别是在与稳定币相关的跨链桥、DeFi 协议、NFT 市场等场景中，硬件钱包的保护作用尤其显著。

3. 小额测试与转账确认

很多资金损失都发生在最后一步，即转账发出的一瞬间。这个阶段风险最高，用户却往往最放松。建立"多看一眼"的最后防线，至关重要。

（1）先小额测试再大额转账

无论对方地址是否可信、平台是否熟悉，涉及大额转账时，都建议先发送一笔小额稳定币进行测试。确保对方账户收到正确金额、链路无误后，再进行主交易。尤其在使用跨链桥或新平台时，这一习惯能有效规避技术性漏洞或骗局。

（2）转账后确认链上状态

资金发出后，务必查看区块链浏览器上的交易详情，确认"成功"状态并核对接收方地址。不要仅依赖钱包提示。若交易卡住、长时间未确认，也应审慎处理，避免多次重复发送，造成资源浪费甚至重复授权。

（3）记录重要操作与凭证

对于涉及第三方服务的平台、合约操作、授权记录，用户应截图或保存链接作为后续凭证。一旦出现纠纷或意外状况，这些记录可作为追溯证据。同时，可考虑定期导出钱包历史记录、授权清单等，以备不时之需。

5.3.3 自我保护与追索

面对复杂多变的 Web3 世界，用户既是探索者，也是守门人。在使用稳定币过程中，不仅要识别潜在的风险，还需建立起一套自我保护与事后追索的策略体系。无论是误操作、被骗资金，还是参与了问题项目，能否及时发现、果断止损并采取有效应对措施（见图 5.9），直接关系到用户资产最终是否安全。

1. 识别可疑项目

许多风险和骗局并非毫无征兆，只要多一分警惕，往往就能提前避开陷阱。识别潜在高风险项目，是每个用户最基本的技能。

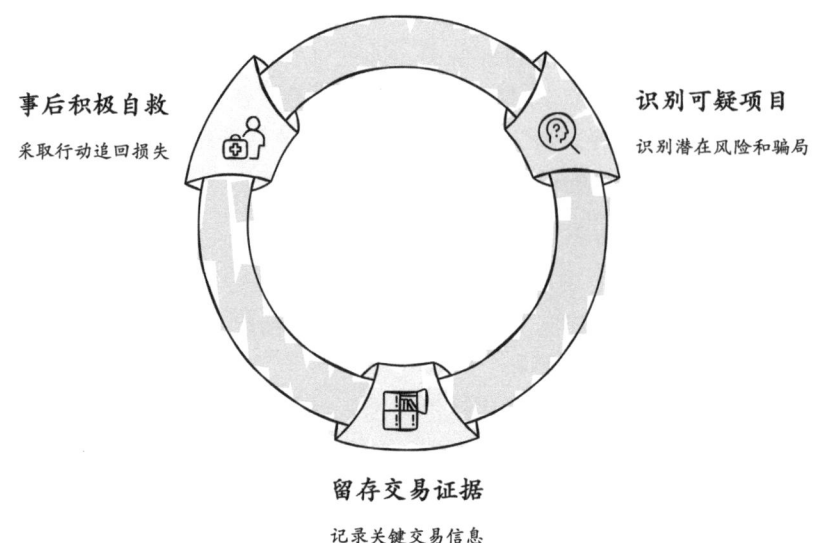

图 5.9 资产自我保护手段

（1）团队与背景不透明

靠谱项目通常会有清晰的团队介绍、技术白皮书、社交媒体动态，以及公开活动纪录。例如，USDC 背后是 Circle 公司和 Coinbase，两者在传统金融与加密行业都有良好口碑；而那些只写"匿名团队"的项目介绍，且找不到实际运营痕迹的，往往值得警惕。

（2）白皮书内容空洞

白皮书是了解一个项目的"技术说明书"，也是判断其专业性和可信度的关键。如果发现白皮书大段套话、逻辑混乱、参数模糊，甚至引用的数据根本查无出处，那基本可以断定这不是一个值得信任的产品。更可怕的是，有些诈骗项目会直接复制其他项目内容，仅修改名称，有较高欺骗性。

（3）社群过度造势

健康项目鼓励用户提问、反馈与理性讨论，而部分骗局项目则在社群中灌输"快买、马上涨"的情绪，对质疑者一律封禁，试图制造虚假繁荣。这种"删留言、封用户"的行为就是危险信号。

2. 留存交易证据

即使用户再小心，也难免会遇到突发情况。留存关键交易信息和沟通证据，事后将大大提升追回资产或维权的成功率。

(1) 保存交易截图与链上数据

在每次进行大额稳定币交易（如 USDT 转账或参与某个链上协议）时，应及时记录交易哈希值、钱包地址、时间戳及交易额。尤其是通过第三方平台进行兑换或跨链操作时，这些数据是证明资产去向的"唯一凭证"。

(2) 记录与项目方沟通内容

无论是 Telegram、Discord 还是 X（原 Twitter），都建议用户将与客服、管理员的聊天记录截图或保存，包括对方的 ID、时间、承诺内容等。尤其在发生延迟到账、冻结或异常时，这些记录就是用户主张权利的第一道证据。

(3) 绑定身份辅助认证

很多去中心化平台已支持将钱包与 ENS、邮箱、社交媒体账号绑定，一旦发生技术故障或账号问题，可以更快证明身份，恢复访问权限。虽然 Web3 强调匿名性，但"可验证身份"同样是保护自己的方式之一。

3. 事后积极自救

在最坏的情况下，即使发生了资产损失，也不代表彻底无解。有时，通过积极行动与社区合作，仍有一定概率追回部分资产或阻止更大损失。

(1) 借助专业安全机构协助追踪

CertiK、SlowMist、PeckShield 等安全公司可以提供链上监控、追踪可疑资金流向、标记黑名单地址等服务。若受害用户集中反映并提供翔实资料，这些机构甚至能协调跨平台冻结可疑资金或协助立案。

(2) 发布社区预警

当自己发现被骗或遇到异常项目时，及时在社群、Dune 仪表板、X 平台或论坛公开自己的遭遇，不仅能提醒更多用户避坑，也能向项目方施压促使其解决问题。有些项目在被社区揭露后，为维护名声会主动协商退款。

(3) 走法律或监管投诉渠道

在一些司法管辖明确的国家或地区，如中国香港地区、新加坡、美国等，稳定币使用已受到金融监管。用户可通过证监会、网络警察、消费者保护组织等路径提交证据。例如，在中国香港地区可联系香港警务处网络安全及科技罪案调查科协助调查。不少受害者通过正式流程追回部分资产或促使平台整改。

总而言之，在 Web3 的世界里，用户拥有自由的同时也会承担更多的责任。只有当"安全意识"成为一种操作习惯时，我们才能真正成为这场去中心化金融浪潮中，站得稳、走得远的那部分人。毕竟，在数字世界里，"自我保护力"就是用户最有价值的资产之一。

第6章 机不可失：金融崛起与新创业机会

"时者难得而易失也"——《史记·淮阴侯列传》

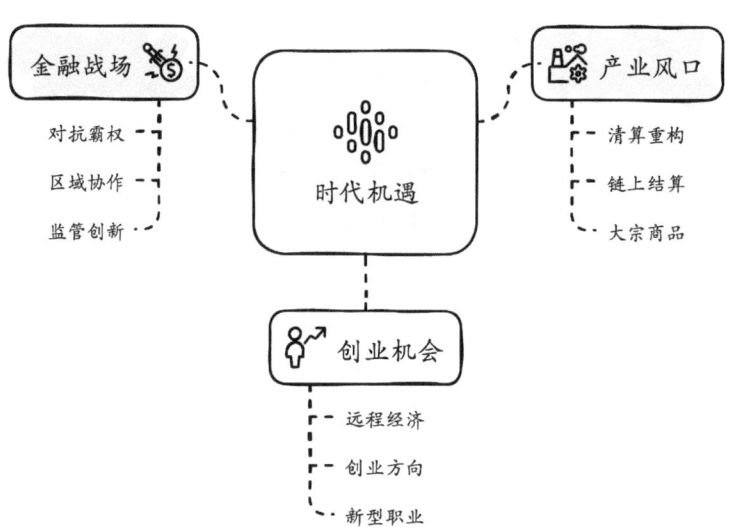

在全球金融体系经历重塑的当下，稳定币正从边缘技术跃升为国家战略工具、企业数字基建与个人创业的催化引擎。它不仅打通了跨境资金流的技术路径，也在悄然重写货币发行、价值结算与金融服务的基本逻辑。

对国家而言，稳定币意味着货币主权的数字化延伸；对企业而言，它带来全球清算的效率革命；对个体创业者来说，则是一次难得的时代红利窗口期。不管是从宏观格局，还是从微观实践，一场围绕"稳定"展开的全新机会正在来临！

6.1 国际金融角力的新战场

随着稳定币的快速发展，国际金融秩序正面临新的调整与适应。各国之间关于货币发行、跨境清算和资本流动规则的讨论正逐步从传统场景延伸到新兴技术环境。

6.1.1 应对美元霸权的新机会

过去几十年，美元牢牢占据着国际金融的制高点，不仅是全球贸易的结算货币，更是制裁与话语权的工具。但进入数字化时代，这种局面正在被松动。美元稳定币的快速崛起，既是美元影响力的新延伸，也为其他国家应对美元霸权带来契机。

1. 美元稳定币的优势

稳定币的兴起不只是技术现象，更是一种悄然发生的货币再布局。在这场链上重构的"金融地理"中，美元稳定币率先出击，在多个维度悄然改变国际货币格局。

（1）美元数字化的"民间版本"

USDT、USDC等美元稳定币，本质上是将美元"搬"到了区块链上。这些并非由美联储或美国财政部发行的官方数字美元，而是由Tether、Circle等私人公司铸造的"民间数字美元"，但它们却拥有超乎想象的货币活性。

在全球数十亿人尚无银行账户的背景下，这类稳定币成为人们第一次真正"持有美元"的工具。在尼日利亚、阿根廷、委内瑞拉等高通胀国家，大量居民选择在交易平台或数字钱包中持有USDT，作为抗通胀的"数字美元储蓄账户"。它们不再是加密玩家的工具，而正在演变为普通人对抗本币贬值、避险储值的首选。

（2）绕开银行体系直达全球

传统美元支付体系依赖银行账户、清算系统和SWIFT网络，每一笔跨境交易往往需要数天时间、支付高昂费用，甚至在一些国家面临政治限制。而稳定币绕开所有传统中介，只需一个数字钱包和一串地址，几分钟内即可完成跨境汇款。

例如，菲律宾的海外劳工使用USDT向国内汇款，不仅省下高昂的中介费，还能绕开对美元现金的稀缺限制。这种技术路径构建了一种"链上美元经济圈",让那些被排除在传统美元体系之外的人群,直接接入数字化的美元金融世界。

(3) 美国政府的战略沉默

尽管 USDT 和 USDC 等稳定币并非官方项目,但美国政府并未严格限制其流通。相反,从多个政策表态与立法方向来看,美国正在构建一个"可控的民间稳定币生态"。Circle 公司频频现身国会听证,USDC 更与多家持牌银行合作,对接监管体系。

这种"半官方"姿态令美元稳定币成为美国全球金融影响力的新延伸工具:不必由美国财政部直接背书,却能在不知不觉中把数字美元撒向世界各地。对美国来说,这是成本更低、速度更快的"美元输出 2.0"模式。正如有学者所说:稳定币是"没有国旗的美元外交"。

2. 地缘金融竞争加剧

美元作为主要国际货币的霸主地位,使美国能够将金融影响力转化为地缘政治工具,促发了一系列国际金融紧张局势。这种竞争态势体现在金融制裁、支付网络控制等方面,各国在清算、结算和金融自主性上面临较大的压力和挑战。

(1) 美元霸权的"金融武器化"

美元在国际结算中的统治力赋予了美国强大的制裁手段。近年来,美国将金融制裁体系化、常规化,作为维护美元霸权的重要手段。制裁的数量和范围不断增长,制裁对象不仅涵盖"敌对"国家的政府和企业,也扩展到第三国的银行机构、清算系统乃至数字资产平台。

美国建立了三级制裁架构(见图 6.1),既可直接限制美国实体交易(一级制裁),又能威胁与制裁对象有业务往来的非美机构(二级制裁),甚至波及第三国金融机构(三级制裁)。

这种美元霸权的"金融武器化"极大加剧了地缘金融紧张局势:一旦美国动用制裁手段,相关国家可能被排除在美元清算体系之外,引发金融市场震荡和国家安全忧虑。以俄罗斯为例,2022 年部分俄银行被剔除出 SWIFT 系统,相当于将其金融体系逐出国际清算网络,众多跨境支付瞬间陷入瘫痪。

"被踢出 SWIFT",在国际舆论中被形容为"金融核弹"级的打击,因为切断一国与 SWIFT 的联系就切断了其与全球银行体系的联系,国际贸易付款也难以为继。

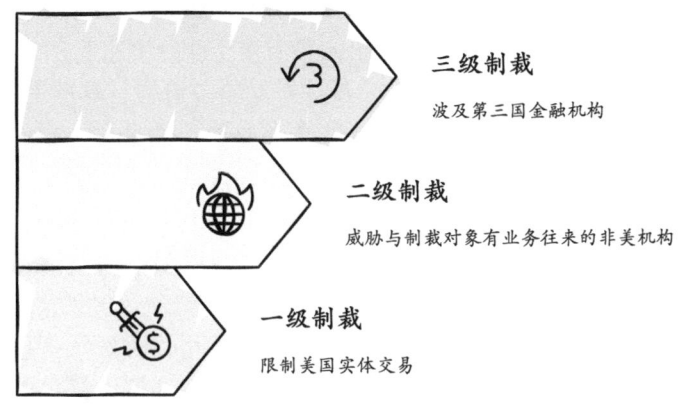

图 6.1 美国三级金融制裁架构

不过,美元霸权下的金融制裁在维持美国主导地位的同时,也引发了国际社会对美元体系稳定性的担忧,各国都开始积极寻求替代方案。

(2) 支付霸权与清算体系博弈

美元的主导地位还体现在全球支付清算网络的霸权上。长期以来,国际跨境支付主要依托 SWIFT 系统和以美元为中心的清算体系(如纽约清算所银行同业支付系统 CHIPS)。由于 SWIFT 部分数据中心设在美国,这些网络本质上受美国法律和政策影响,使美元清算体系成为美国实施金融控制的工具。

近年来,各主要经济体已经针对这种支付霸权展开博弈:一方面,美国不断升级技术监控全球资金流动,甚至将加密货币交易纳入监控,防范他国绕开传统金融网络;另一方面,受制裁威胁的国家纷纷寻求替代方案。例如,俄罗斯 2014 年开发本土金融信息传输系统 SPFS,2019 年投入使用以替代 SWIFT 境内功能;中国 2015 年上线 CIPS(人民币跨境支付系统),提供自主清算渠道;欧盟也曾推动针对伊朗贸易的结算机制 INSTEX(欧盟-伊朗支付系统)以避开美元体系;中东等地还出现石油贸易用非美元计价结算的探讨。

(3) 金融自主性的多元探索

面对美元支付霸权和制裁压力,各国正加紧探索金融自主之路,全球金融格局因此呈现多元化趋势。

1) 贸易结算去美元化加速。不少国家开始降低对美元的依赖,改用本币或第三方货币结算。例如,俄罗斯要求"不友好国家"以卢布支付天然气款项;印度与马来西亚达成卢比结算协议;东盟国家搭建跨境本币支付体系;中国推动人民币在国际贸易和大宗商品结算中的使用，2024年跨境人民币结算量约64.1万亿元，同比增长22.5%，显示出人民币接受度的快速上升。

2）外汇储备结构调整。多国央行调整外汇储备组合，降低美元资产占比。中国、俄罗斯等国家央行近年开始增持黄金和非美元债券，减少美债敞口，以分散风险。

3）区域金融合作与替代体系兴起。各国在区域层面推进金融合作，构建替代体系。例如，"金砖国家"谋求建立自己的支付网络，欧洲推进数字欧元计划。技术层面，跨境数字货币桥（如mBridge）等多边项目出现，通过对接各国数字货币绕开传统跨境清算渠道；萨尔瓦多将比特币作为法定货币，伊朗利用加密货币进行进口支付，借助加密货币的去中心化特性探索绕过美元体系的新路径。

这些探索源于美元霸权带来的掣肘，推动了全球金融自主化、多元化浪潮，背后是各国对更公平稳定的国际货币体系的追求。

3. 稳定币与货币主权的博弈

在所有角逐货币主权的新工具中，稳定币毫无疑问是最具潜力的。它融合区块链的高效率与去中心化优势，又因挂钩法币保持币值稳定，正逐渐融入金融基础设施，对美元主导的国际货币体系构成潜在挑战。各国发行或支持本币锚定的稳定币，也被视为应对美元霸权、强化自身货币主权的最有效手段。

（1）稳定币跨境支付

稳定币正改变跨境支付格局。传统跨境支付依赖多层中介，成本高（约为交易额的6%）且耗时（常需数日）；而基于区块链的稳定币支持点对点交易，支付即清算，大幅缩短链条，费用可低至每笔不足1美元，几乎实时到账（最慢不超过一小时），在跨境电商、海外汇款等场景优势显著，尤其在外汇管制严或银行网络不发达地区，能避开传统流程的烦琐。

截至2024年，全球主流稳定币链上年交易额达27.6万亿美元，超越Visa和万事达的总和，凸显其作为国际支付媒介的潜力。同时，它是数字金融基础设施的核心，在去中心化金融平台上充当结算媒介，连接加密世界与传统金融，避免了法币与加密资产的汇率波动。可以说，稳定币为各国降低对美元支付网络的依赖提供了新路径。

（2）美元清算体系的替代方案

稳定币为绕开美元主导的清算体系提供了可能。稳定币构建的去中心化价值转移网络，让参与者无需通过传统银行体系即可完成结算，有望成为美元清算体系的技术替代。

一方面，锚定人民币、欧元等非美元法币的稳定币若形成规模，可直接用于国际交易计价结算，减少对美元中介的依赖，各国推出本币稳定币并推广使用，能为本币打造"数字化离岸市场"，提升其全球流通性。

另一方面，即便是锚定美元的稳定币，因运行在区块链上，也在一定程度上摆脱了美国传统清算渠道的限制，交易方通过加密钱包点对点交换，绕开 SWIFT 和美元清算系统，不受美国银行和监管直接控制。这种全天候运行的去信任清算网络，理论上消除了跨境资金转移对美国金融枢纽的依赖，让长期受美元清算垄断的国家能提升国际支付自主权。

此外，稳定币的去中心化属性使单一国家难以完全封锁交易链条，为规避金融制裁提供了新通道。稳定币正在重新分配货币体系控制权，打破美元清算"一家独大"格局，助力国际货币体系向多元化演进。

（3）货币主权挑战与监管博弈

稳定币在突破美元霸权的同时，也带来新的货币主权挑战，各国需在创新与风险间权衡。

若私人机构发行的稳定币被广泛使用，可能形成绕过中央银行的"平行货币体系"。如 Libra 最初设想的超主权稳定币，一旦流通会削弱小国本币地位，动摇其货币政策有效性；即便锚定单一法币的稳定币，若发行流通不受官方控制，会使该国央行面临货币创造权旁落风险，形成"私营央行"架构，削弱国家对宏观经济的调控能力，还会影响该国央行对货币供应量和银行体系的控制力。

另外，稳定币跨境流通的匿名性和去中心化给资本流动监管和金融安全带来隐患，资金可自由进出，难以监测洗钱、恐怖融资等活动。部分高通胀国家民众将美元稳定币作为避险工具，虽缓解了本币贬值压力，却加剧了对美元的依赖，不利于本币稳定。

所以，当前各国都在探索与稳定币互动的监管与技术路径：既通过发行本币稳定币、构建数字金融基础设施掌握主动权，防止美元稳定币垄断市场；又积极参与全球监管规则制定，维护货币主权和金融安全。

6.1.2 人民币国际化与区域协作

美元主导的全球货币体系并非无懈可击，尤其在去美元化呼声高涨、金融制裁频繁干预的今天，越来越多国家渴望降低对美元的过度依赖。对于人民币而言，这既是挑战，更是一个前所未有的历史机遇。在链上支付、去中介化和数字资产崛起的背景下，人民币可以通过稳定币与数字化通道，探索打开通往全球的新大门。

1. 离岸人民币与数字货币结合

在传统外汇管制和本地金融规则的限制下，人民币的国际流通空间有待扩展。借助区块链与稳定币技术，离岸人民币找到了突破路径。

（1）数字人民币之外的新路径

虽然数字人民币是国家级战略重点，但其推广尚以国内为主，在海外使用上受制于当地法律、钱包普及和监管配合。相比之下，如果以稳定币形式发行离岸人民币，则具备天然的灵活性和可嵌入性。例如，中国香港地区的几个金融科技项目，已尝试基于区块链技术发行锚定人民币的稳定币，如CNH Coin、RMB stablecoin 等，目标是打通离岸人民币的高效结算通道。

（2）避开美元体系的技术选项

通过稳定币形式的离岸人民币，可以绕开 SWIFT 等美元控制的清算路径，构建自主可控的跨境支付网络。特别是在中东、非洲、"一带一路"沿线国家，银行基础设施不健全，但数字钱包普及率高，人民币稳定币的应用空间反而更广。

（3）推动人民币作为数字储备资产

在一些希望去美元化的国家，人民币稳定币已被视为"数字储备资产"的潜在候选。例如，中亚、东南亚一些机构开始接受人民币稳定币作为账本计价单位或支付选项，虽然规模尚小，但已体现出人民币资产的链上生命力。

2. "一带一路"跨境数字结算

"一带一路"倡议下的跨境合作原本就需要可靠的结算机制，如今在区块链与稳定币的辅助下，这种合作变得更加高效与自主。

（1）多边本币结算的新范式

传统"一带一路"国家间多依赖美元进行转手结算，导致交易成本高昂、效率低下。若各国本币能通过各自的稳定币进行结算，如人民币稳定币与中东、非洲本地稳定币直接兑换，则能绕开第三方货币，提高结算效率，同时减少对美元的依赖。

（2）基础设施输出的货币化路径

中国在"一带一路"中输出的不只是铁路、公路、电力，还有金融数字基础设施。从国家数据中心到区域公链，中国企业与机构正将链上结算系统作为

"软出口"内容的一部分,将人民币稳定币嵌入其中,使之成为基础设施交易的默认结算单位。

(3)通过稳定币巩固人民币影响圈

在跨境电商、矿产结算、工程承包等多个场景中,越来越多中资企业开始使用锚定人民币的稳定币与当地企业对账。这种看似"低调"的结算方式,其实正在悄然提升人民币在海外的落地与认知,构建一个去中心化的"人民币影响圈"。

3. 人民币、港币与稳定币的多层互动

中国香港地区作为全球金融桥梁,在人民币国际化的过程中扮演着独特角色,也为稳定币的落地和融合创造了理想环境。

(1)人民币与港币的"双币枢纽"角色

中国香港地区本身就是人民币离岸中心,人民币与港币之间兑换顺畅,政策上又拥有"一国两制"的灵活性。这种制度优势使中国香港地区成为"稳定币实验场",可以尝试将人民币稳定币、港币稳定币与美元稳定币共同运营,并建立三币互换的智能合约体系(见图6.2),增强区域货币间的互信与联通。

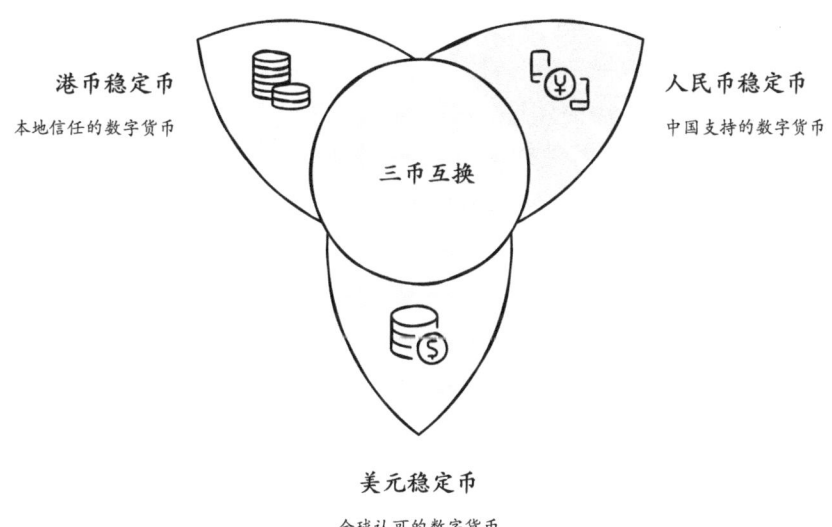

图6.2 三币互换智能合约体系

(2)打造"亚太链上结算中心"

中国香港地区已有的银行体系、证券交易所、金融科技公司及其对虚拟资产友好的监管态度,使其逐步成为"亚太链上结算中心"的首选。多个稳定币项目(如 HKD stablecoin、CNH 链上通证)均选择在中国香港地区进行试点,进一步推动以人民币为锚的结算方式在亚太地区扎根。

(3)政策协同促进人民币跨境落地

随着大湾区金融互联互通政策深化,香港、深圳、澳门正协同探索"数字人民币+本地稳定币"的多层体系。例如,在港居民可使用锚定人民币的稳定币在内地购物、缴费,在不触碰传统外汇管制的同时实现跨境结算。这种政策创新将为人民币提供一个"技术中立而金融开放"的推广路径。

人民币国际化并非简单地输出货币本身,而是打造一个能在数字时代生根发芽的生态系统。而稳定币正是这套生态中不可或缺的"润滑剂"与"催化剂"。在多元货币格局演进中,人民币借助链上创新,正从"跟随者"成长为更具分量的"数字新选项"。

6.1.3 法规、金融沙盒与监管创新

在全球围绕稳定币展开货币主权与金融主导权的博弈之中,监管的角色愈发重要。稳定币既是金融科技的创新产物,也对传统监管体系提出了前所未有的挑战。从各国政府的视角看,谁先建立出一套行之有效的稳定币监管框架,谁就能在这场新金融秩序的塑造中抢占先机。于是,各种实验性的牌照制度、灵活的金融沙盒政策,以及数据互通下的跨境协作正成为稳定币合规化的重要推手。

1. 稳定币牌照试点

随着稳定币规模的迅速扩张,全球主要经济体开始探索以牌照制度管理其发行与流通,逐步将这一新型货币工具纳入现有金融体系的合规轨道。这一转变标志着各国从观望到试点、从模糊到规范的监管态度演进。

(1)多国试点监管框架

在全球范围内,稳定币的监管正逐步走向制度化。一些国家率先启动了"稳定币牌照"的试点工作,将其纳入现有的金融许可体系。例如,新加坡、瑞士等地已将部分稳定币归类为"数字支付代币",要求发行方申领相应的金融服务牌照,并设定储备管理、信息披露、技术安全等标准。这类试点不仅让合规化有章可循,也为后续更广泛的立法提供了实践基础。

（2）监管红线逐步清晰

稳定币的底层结构和业务模式复杂多样，传统的支付或证券监管范畴已难以涵盖。于是，各国开始界定监管红线，如禁止算法稳定币涉及公众募资、要求法币储备币必须全额托管且审计公开、限制非金融机构发行"类货币"等。这些举措为市场划定了边界，也降低了系统性风险。

（3）推动产业进入"正规军"阶段

牌照制度的推进，有助于将稳定币从"野生军"转入"正规军"队伍。它不仅提升了公众对稳定币的信任度，也为传统金融机构参与该领域铺平了道路。未来，更多受监管的稳定币项目将获得银行、基金、电商平台的支持，实现与主流金融基础设施的深度融合。

2. 沙盒政策推动合规探索

在传统金融监管体系难以完全覆盖新兴数字货币技术的背景下，"金融沙盒"成为各国监管机构探索稳定币合规路径的重要机制。所谓金融沙盒，即在可控范围内允许企业开展创新业务试点，给予一定的政策豁免与监管支持，以观察新金融模式对市场与风险体系的真实影响。沙盒的目的是在鼓励创新和合规限制之间取得平衡，如图6.3所示。

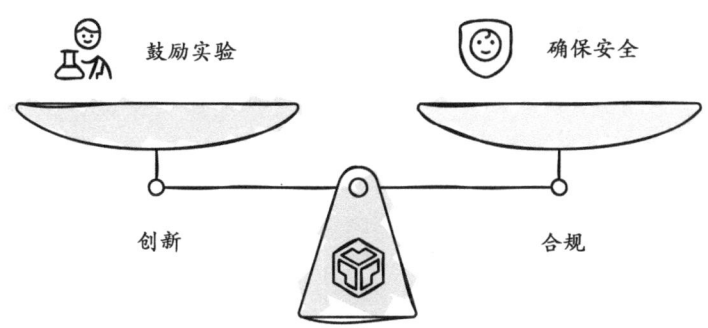

图6.3 沙盒试验的目的

（1）多地设立沙盒机制

新加坡、阿联酋等地金融中心率先将稳定币纳入金融沙盒体系。例如，MAS（新加坡金融管理局）允许持牌机构在"监管沙盒"内试点稳定币跨境支付服务，对其技术架构、储备机制和用户合规流程进行系统评估。

2023年，阿联酋阿布扎比全球市场批准多家机构发行锚定美元和迪拉姆的稳定币，用于国际贸易与清算场景。这些试点不仅为本地企业提供了低成本清算服务，也为未来立法积累了真实数据。

（2）中国香港地区"双轨并行"

中国香港地区在稳定币监管路径上采取"沙盒先行、法规跟进"的策略。早在 2023 年，香港金融管理局即与数家内地金融科技公司合作，在金融沙盒内试行港币与人民币稳定币的跨境应用试点，要求参与机构在沙盒中建立足额储备机制、透明披露资产结构、接受定期审计，并通过白名单机制控制交易对象。

2025 年，《稳定币条例》正式出台后，沙盒内表现合格的机构可申请"转正"，获得稳定币发行牌照。这一制度设计既为创新提供了落地空间，也确保了风险可控，是对稳定币监管路径的有效补充。

（3）创新与限制并重

沙盒的真正价值不仅在于推动金融创新，更在于帮助监管者理解稳定币的运行机制、评估其对货币体系和金融稳定的潜在影响。多国监管机构逐渐意识到，若想参与未来国际金融规则制定，就必须主动拥抱技术变革。通过沙盒试点收集第一手数据与实践经验，有助于形成适配本国国情的监管框架。在某种意义上，沙盒机制本身也正在成为"软法"形态下全球稳定币治理的新试验场。

3. 稳定币数据互通与跨境监管

稳定币跨境特性显著，天生具有"无国界流动"的金融基因。这种特性为用户提供了便利，但也对各国监管边界提出了挑战。在一国设立、全球流通的背景下，稳定币的透明度、追踪性与监管协同机制成为新的关注点。

（1）数据孤岛阻碍跨境合规

当前，多数稳定币在链上运行，数据分布于不同区块链平台与中心化托管账户之中，监管机构难以掌握完整流通路径，形成了所谓"监管数据孤岛"。尤其是对于匿名交易、跨境兑换等敏感环节，缺乏标准化数据共享机制，使得反洗钱、反恐融资监管效力受限。

例如，一家在中国香港地区注册的稳定币发行机构，其代币在全球多个交易平台和链上合约间流转，美国、欧盟或东南亚监管者难以掌握其底层储备结构和用户身份信息。

（2）推动链上监管标准建设

为解决数据碎片与监管盲区问题，多个国际组织正推动"链上监管"标准化。IOSCO（国际证监会组织）、IMF 均发布框架文件，建议稳定币平台在区块链底层嵌入 KYC、AML、资金流向识别等合规接口。

例如，中国香港金融管理局要求稳定币持牌机构提交交易溯源报告，证明链上交易与储备账户相匹配。新加坡金融管理局则与数个平台合作开发"可验证储备证明"智能合约，实现对每一笔发行的自动审计。这些机制正引导稳定币生态向"Compliance-as-a-Service"（合规即服务）方向发展。

(3) 跨境监管合作机制

面对稳定币的全球属性，单一国家监管已难以奏效，跨境合作成为监管共识。近年来，中国香港地区、新加坡、瑞士、阿联酋等地陆续签署"监管互认协议"，探索稳定币牌照、储备审计、用户数据共享等领域的协同机制。

例如，中国香港地区与新加坡已启动稳定币跨境试点，允许在两地合规发行的稳定币互通流通。中国还通过央行牵头的 mBridge 平台探索多边数字货币清算合作机制，并在相关试点中引入人民币稳定币作为参与单位。未来，稳定币跨境监管或将向"标准先行+联合审计+自动互通"的模式演进，推动全球数字货币治理迈入新阶段。

6.2 抢占产业数字化新风口

随着稳定币、链上支付等技术在跨境场景中快速渗透，数字金融正从货币领域向实体产业全面延伸。清算网络、支付链条与供应链系统的深度融合，不仅重构了产业交易的底层逻辑，也为数字化基础设施带来前所未有的升级契机。

6.2.1 金融清算体系的数字重构

传统的金融清算体系长期依赖中心化结构和跨行撮合机制，不仅存在交易速度慢、费用高、透明度低等问题，在跨境场景下还严重依赖美元中介与 SWIFT 网络。而随着区块链、稳定币、数字货币等技术工具的兴起，一种全新的清算结构正悄然成型。以下从三个关键路径展开分析。

1. 实时支付网络的融合

不同国家的本地支付系统正在高速发展，但全球范围内的对接仍较为分散。近年来，稳定币等新型支付工具逐渐被视为连接区域支付网络的关键桥梁，成为构建跨境"通用中间层"的技术抓手。

(1) 本地系统的互联尝试

各国正加快推进本地化的即时支付系统（如印度 UPI、巴西 PIX），有效提升了各国国内交易效率。但在跨境场景中，这些系统仍缺乏互联机制，彼此之间尚未打通"轨道"。目前已有国家尝试通过 API、结算中介或央行合作实现本地系统间互通。例如，印度 UPI 已实现与新加坡 PayNow 系统的双向联通，这提供了现实样板。

（2）跨平台"中间层"

当两个国家的支付系统尚未完成直连时，稳定币可以作为通用的中间层资产，实现跨系统、跨时间带的资金传输。以稳定币为桥梁，用户可在境内完成发起、链上完成清算，在对方市场完成自动兑换，实现近似于"实时"的跨境支付体验。

（3）"稳定币+实时支付"组合模式

一些新型支付平台正尝试将本地支付系统的接口与稳定币钱包打通，构建"链下+链上"的混合支付架构。例如，在接收端用户可通过 UPI 完成入账，在发起端则用 USDC 或 CNHC 发起支付。这类组合式路径为非美元系统的高效协作提供了新范式，逐步减少对美元中介清算路径的依赖。

2. 多币种跨境互换新模式

币种转换一直是跨境清算的核心瓶颈，传统做法依赖美元撮合，链条复杂、成本高。稳定币与链上资产池的出现，正在重塑多币种清算机制，为非美元互换提供了全新路径。

（1）传统外汇撮合模式的结构性局限

当前大部分非美元币种互换仍需"绕道"美元，如人民币兑换土耳其里拉，往往要通过"人民币—美元—里拉"的路径，形成多段风险暴露。该路径不仅放大了美元波动影响，还引发了额外汇率成本与清算延迟。

（2）链上多币种稳定币与原生资产池

DeFi 平台提供了链上币种互换的新方式。一些平台已建立锚定不同法币的稳定币池，实现人民币稳定币与东南亚货币稳定币之间的智能撮合。例如，通过 CNHC/IDRT 等稳定币对组合，可跳过美元中介清算，实现直接互换。

（3）多币种网络的战略价值

从战略角度看，多币种稳定币网络的建立，意味着一国货币可绕开美元主导的清算体系，在数字通道中"直接对接"其他本币。这类结构既提升了支付自主性，也为人民币等非美元货币提供了新的流通路径，有助于全球货币格局走向多元化。

3. 稳定币重塑供应链金融

金融清算的最终落点是服务于产业流与贸易流。稳定币不仅可以提升支付效率，更逐渐嵌入供应链金融系统，重塑上下游结算、信用评估与短期融资方式，如图6.4所示。

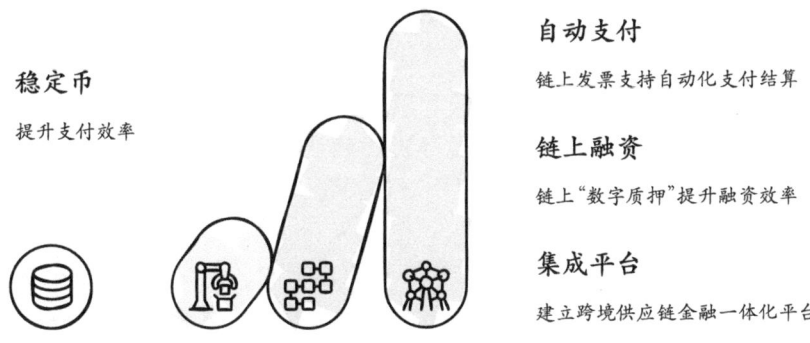

图6.4　稳定币重塑供应链金融

（1）数字发票与自动化支付结算

部分跨境电商与外贸企业已将稳定币与电子发票系统对接。发票一旦上链并核验，即可触发自动支付合约，稳定币自动从买家钱包转入卖家账户，省去中介机构的人工确认流程。

（2）供应链资产质押与链上融资

上游企业收到稳定币付款后，可在链上将应收账款进行"数字质押"，从平台获取短期流动性贷款。这种方式缩短了传统融资流程，特别适合中小型出口企业在多币种环境中开展跨境贸易。

（3）构建跨境贸易链路"闭环"

更进一步，稳定币正被集成到"物流+支付+金融"一体化平台中，基于供应链节点触发分阶段付款。例如，货物到港、仓储扫描等环节通过IoT（物联网）自动上链，系统再自动释放稳定币支付结算。这种支付路径将资金流、信息流、物流同步整合，为全球贸易建立起可信赖的数字闭环系统。

6.2.2　产业互联网与链上结算

随着企业数字化转型的加速，传统的产业链金融与结算方式正面临效率瓶颈与信任成本的双重挑战。在此背景下，区块链技术与稳定币为产业互联网注入了全新的可信交易能力，推动结算流程自动化、资产上链与价值实时交换的落地。以下从三个维度探讨稳定币在产业互联网场景中的深度融合。

1. 数字发票与智能合约

在传统产业中,发票、对账与结算之间一定程度上存在脱节,导致账期延长、风险加剧。链上发票结合稳定币支付正成为破局之策。

(1) 电子发票链上可信存证

目前,越来越多企业开始将电子发票上链处理,利用区块链不可篡改特性实现真实性存证。发票一经平台或税务机关确认,即可成为智能合约的触发条件,解决传统流程中人为操作与信息不对称问题。

(2) 智能合约触发稳定币支付

通过与发票系统对接,智能合约在满足预设条件(如收货确认、合同完成)后自动执行支付,稳定币从企业钱包直达收款方账户。相比传统银行转账模式,大幅缩短了资金流转时间,降低了结算争议。

(3) 合同履约过程透明化

链上发票与智能合约的结合,也意味着企业间合同履约数据将被实时记录并公开,增强产业链上下游间的信用透明度,有助于构建长期稳定的合作关系与金融风险定价模型。

2. 票据、应收账款上链

在数字化产业链中,票据和应收账款的确权、流转与融资效率正迎来深刻变革。传统模式下,这些资产存在确权难、融资慢、跨境结算成本高等问题,而区块链与稳定币的结合,为其构建了一条"可视化+实时清算+可融资"的新路径。稳定币不仅使链上应收账款具备流通能力,更在跨境场景中提供了高效稳定的结算手段,为中小企业融资和产业协作提供了重要支撑。

(1) 账款资产链上确权与数字化存证

通过将票据和应收账款上链,企业之间的信用凭证可实现链上确权与状态同步。从合同签署、发货验收到付款确认,每一步交易节点都被写入区块链,确保信息公开透明、防篡改、可追溯。票据数字化不仅提升了流程效率,还为后续融资和交易打下了基础。

在部分供应链平台中,这些票据和账款还会生成对应的数字凭证(如NFT),成为链上的资产标的。一旦被确权,就可作为标准化资产参与融资、转让或结算。

(2) 稳定币驱动的流转与提前融资

账款确权只是第一步,真正的难点在于"变现"。稳定币的介入为应收账款的流转提供了新动力。在链上被确权的账款资产,可通过智能合约进行拆分、质押、转让,并与流动性资金池或第三方金融机构对接,从而实现账期内的提前兑付。

例如,一家出口企业将 100 万美元的账款上链,经平台风控模型评级后,可立即以 90 万美元等值的 USDC 或 CNHC 稳定币套现,绕过银行放款周期和传统保理流程。这种机制实质上把"账期资产"变成了可交易、可融资的数字资产,并通过稳定币完成实时到账。

对出海型中小企业而言,这种方式极大地缓解了流动性压力,也避免了因本币贬值或国际汇兑限制带来的损失。

(3) 跨境账款结算的新路径

稳定币不仅用于融资,也直接参与结算流程。在跨境贸易场景中,传统账款支付往往需经历多层中介银行与复杂的合规审核,效率低下且手续费高昂。而通过链上系统,买方在账期届满后可直接使用稳定币向卖方清算账款,整个过程无需经过 SWIFT 或外汇银行系统。

例如,一家位于马来西亚的采购商通过智能合约确认收货后,系统自动划拨等值 USDC 至中国出口方的数字钱包,整个结算过程不到 10 分钟,且几乎无汇兑成本。这种链上账款支付方式,在跨境电商、物流金融等场景中日益普及,为稳定币构建"真实经济使用场景"提供了有力支撑。

3. 小微企业全球化支付场景

在全球贸易碎片化背景下,众多小微企业也逐步参与跨境交易。但传统跨境结算方式成本高、到账慢,限制了它们的竞争力。稳定币与区块链支付为其提供了新的"数字化出海通道",如图 6.5 所示。

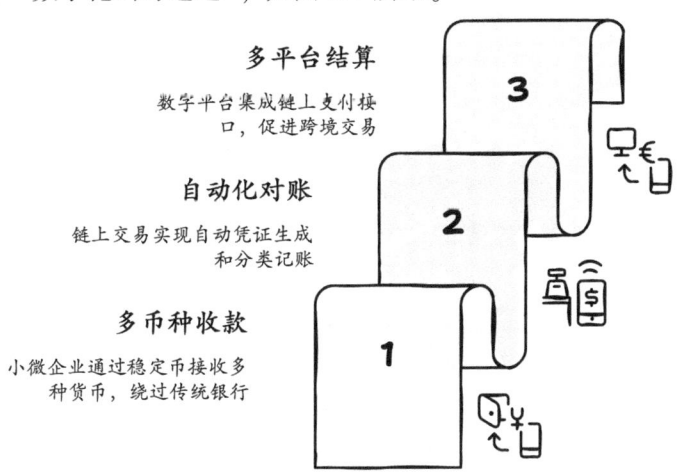

图 6.5　稳定币助力小微企业出海

(1) 多币种收款能力

小微企业可通过稳定币钱包，直接接收来自客户的 USDC、USDT、CNHC 等多币种付款，绕过传统银行中介，实现"全球收款本地到账"，并降低了汇率转换与手续费压力。

(2) 自动化财务对账

链上交易具有天然的可追溯性，配合智能合约设置的账务标签，企业可实现交易凭证自动生成与分类记账，降低了财务人工成本，并便于后续的合规报税或外汇申报。

(3) 多平台结算集成

部分服务中小商户的数字平台已开始内置链上支付接口。例如，某印尼跨境平台为东南亚卖家与中国制造商提供 USDC 支付路径，大幅降低了传统电汇延迟与账户冻结的风险，提升了双边交易活跃度。

6.2.3 大宗商品与能源贸易

随着全球贸易的加速、大宗商品流通区域的不断扩展，传统依赖美元和银行清算体系的结算路径正面临效率瓶颈与地缘风险的双重挑战。稳定币和区块链技术，为大宗商品与能源贸易的数字基础设施升级提供了新方向——不仅优化支付流程，更助力形成去中心化、可审计、跨境互联的产业金融网络。

1. 大宗结算数字化路径

在大宗商品贸易中，结算流程往往涉及多国货币、复杂合规审查与时间延迟等瓶颈。为提升效率、降低风险，越来越多的交易平台和金融机构开始采用链上基础设施重构整个支付与清算环节。

(1) 链上基础设施推动结算流程改造

大宗商品交易长期依赖信用证、银行间支付与纸质凭证处理，流程复杂、周期长、成本高。近年来，数字基础设施的兴起使交易各环节开始上链：订单发起、仓单生成、提单交付等信息可被同步记录在区块链上，通过智能合约与链上资产控制条件式触发结算。

在这一数字流程中，稳定币成为资金流的核心载体。企业可基于链上仓单信息，实时以稳定币完成货款支付，而无需等待银行间清算。以某东南亚港口项目为例，铁矿石的入库与质检数据实时上传链上，买方即刻支付锚定美元或人民币的稳定币，智能合约自动转账至卖方钱包，整个清算流程压缩至分钟级。

（2）数字凭证与智能结算同步推进

传统大宗商品交易中，纸质提单和货权交割常滞后于资金结算。而借助链上仓单与提单 NFT 化，贸易货权可实现可视化追踪与自动验证。平台将数字凭证与稳定币支付系统打通，一旦链上凭证完成验证，系统可直接调用钱包完成付款，减少人为干预与欺诈风险。

此外，稳定币还可接入企业 ERP 系统，实现账务自动同步、风险实时监控和多币种清算对接，为大宗商品贸易的信息化与财务体系提供统一接口，推动上下游企业的数字协同。

（3）服务企业中台建设与数据透明化

对于能源、矿产等全球分布式交易场景，传统金融难以覆盖长尾交易主体。以稳定币为载体的新型链上交易平台，为这些企业提供了基础性的"金融中台"：通过统一账户体系、跨链资产识别、链上信用评分等机制，小型出口商或采购方也可低门槛参与跨境结算。

此外，链上支付记录天然具备可审计、可追踪特征，利于贸易监管与合规要求的满足，为能源安全、碳足迹管理等新兴产业需求提供数据支撑。这些基础性能力正成为能源与资源产业链数字化的"底座"。

2. 去美元化背景下的多元结算探索

美元长期主导全球大宗商品计价与结算体系，但近年来，地缘政治冲突、金融制裁风险和结算效率低下正迫使相关国家寻求替代路径。稳定币等数字货币工具，正在成为这一结构性转变的"跳板"。

（1）多币种稳定币的本地化试点

在全球大宗商品贸易格局中，多国开始主动布局本币或多币种稳定币结算机制，降低对美元清算渠道的依赖。例如，中国与中亚、东盟国家的部分石油、天然气、铜矿交易中，试点通过锚定人民币或欧元的稳定币完成支付，不再依赖美元账户体系。

某中东原油平台已与中国香港地区稳定币机构合作，在结算平台上引入 CNHC、EURC 等非美元稳定币，通过智能合约对接双方 ERP 系统和仓单链，构建"币-货"同步交付流程。这一试点展现出"数字币种中性结算"模式的实际可行性。

（2）外部压力下的支付通道重构

面临美元加息周期、清算延迟与金融制裁的现实威胁，不少资源型国家在技术上选择稳定币作为"备选通道"。相比主权货币 CBDC（中央银行数字货币）的尚未落地普及，稳定币的标准化、接口开放、合规可追踪优势让其成为短期可用的新型工具。

对接稳定币的链上交易平台可在本地部署"结算网关"，实现本币与稳定币的双向兑换、风险对冲与多边支付能力，为未来构建"区域清算走廊"提供实践基础。

（3）本币锚定的清算网络建设

为进一步深化本币的国际使用通道，一些国家已开始布局以本币稳定币为核心的链上清算网络。例如，在中非和南美部分原材料交易试点中，本地平台发行锚定本币的稳定币，并接入国际交易所和大宗商品平台，用于矿产、粮食、能源交易的清算环节。

这种"本地发行、国际接入"的策略，一方面确保了对结算货币的主权控制，另一方面也提高了清算系统的开放性与兼容性。若配合数字身份系统与链上信用协议，这类本币清算网络还可扩展至中长期融资与保险等业务，为资源出口国建立更可持续的数字金融体系。

3. 风险对冲与成本控制

在多币种交易频繁的大宗商品市场，汇率波动是企业面临的最大风险之一。稳定币不仅提供了计价锚定，还能实时兑换、自动结算，成为缓冲汇率风险、优化流动性的关键金融工具，如图6.6所示。

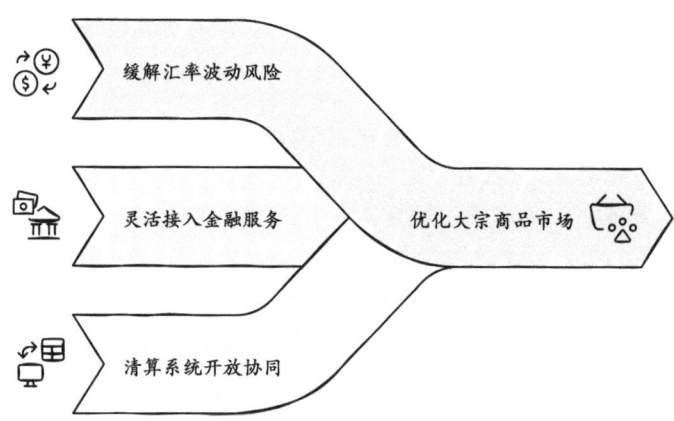

图6.6 稳定币在大宗商品市场中的作用

（1）缓解汇率波动风险

传统大宗交易面临汇率波动剧烈、结算周期长的问题，导致企业承担巨大外汇敞口。而稳定币，尤其是锚定买卖双方本币或目标储备币的币种，可显著降低汇兑损失。

例如，中国企业进口中亚天然气时，若可通过锚定人民币的稳定币完成支付，可有效规避美元结算中间环节中的贬值与手续费损耗，交易双方可锁定本币计价风险。

（2）灵活接入金融服务

稳定币可作为资产抵押、应收账款融资的基础，在能源与大宗商品交易中快速生成链上资产凭证，助力企业提前回款。例如，一家煤炭出口企业在获得链上提单凭证后，可将未来付款 NFT 化，以稳定币质押方式获得资金周转。这对中小资源企业意义重大，解决了其在传统金融体系中难以获得银行信用的问题。

（3）清算系统开放协同

稳定币具备天然的可编程性与模块化特征，可嵌入多个清算系统、票据平台和供应链中台，成为推动产业协同的重要桥梁。例如，在电力、化肥、粮油等复杂链条中，稳定币被作为"标准接口"嵌入跨国平台，帮助形成全链条资金流转与合规监管一体化框架，真正实现大宗贸易从"流程数字化"向"金融基础设施现代化"的跨越。

6.3 全球创业者的新机会

稳定币在逐步成为企业支付辅助工具的同时，也在演化为支持个人经济活动的基础设施。特别是在"远程协作""无国界创业""创作者经济"等新型就业模式兴起的背景下，稳定币突破传统支付壁垒，为全球个体创业者提供了前所未有的收入通道、资产管理方式，以及全新的创业机会。

6.3.1 全球化自由职业与远程经济

稳定币正在为自由职业者与远程工作者构建新的"链上劳动力市场"。它解决了传统跨境支付的效率与准入痛点，使个体创业真正实现了全球接单、秒级到账。

1. 海外接单即时结算

在全球化远程就业趋势下，稳定币成为自由职业者跨境收款的新首选，也正在重塑国际劳动力市场的结算逻辑。

(1) 远程收入的主要结算工具

越来越多海外自由职业者开始使用 USDT、USDC 等稳定币接单收款，逐步放弃 PayPal 或 SWIFT 等传统方式。与传统银行路径相比，稳定币到账时间更短，手续费更低，且不易受地缘政策或外汇监管影响。例如，一位尼日利亚设计师可通过链上钱包，在接到美国客户任务后，几分钟内收到付款，无需经历 3~5 个工作日的银行转账流程。

(2) 降低汇兑与资金门槛

对于通胀严重、金融系统薄弱的国家，稳定币不仅是收款工具，更成为"避险储值"手段。在阿根廷、委内瑞拉等地，自由职业者选择用 USDT 结算，以避免本币贬值带来的收入缩水，同时也绕过了银行高额换汇费与外汇配额限制，获取"数字美元"以保障购买力。

(3) 协作工具生态逐渐成熟

围绕稳定币的远程协作工具正在形成闭环。例如，Layer 3、Dework 等任务平台集成稳定币支付功能，允许用户通过钱包直接领取任务并完成结算。同时，Telegram、Discord 中也有大量机器人支持 USDC/DAI 打赏功能，为社区内容产出和微任务交付提供了便捷的链上支付方式。整个流程几乎无需中介参与，实现了真正"边做边结"的全球化个人经济。

2. 去平台化协作

传统自由职业者往往依赖中心平台（如 Upwork、Freelancer），稳定币与智能合约的结合正在催生更自主、更去平台化的协作模型，如图 6.7 所示。

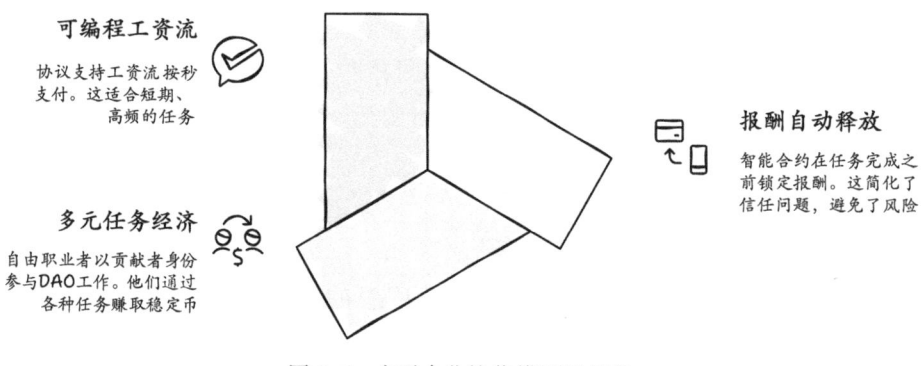

图 6.7　去平台化协作模型的优势

(1) 报酬自动释放

通过智能合约，项目委托人可将报酬预锁至链上，待任务完成后自动释放。

此类合约托管机制简化了信任问题，避免了拖欠报酬或项目方毁约等风险。例如，一位独立程序员参与 DAO 中的前端开发任务，可在提交合并请求后自动获得 USDC 结算，无需第三方仲裁。

（2）多元任务经济

许多自由职业者开始以"贡献者"身份参与 DAO 工作：写代码、画图、写内容、策划运营，并以 USDT 或 DAI 等稳定币获得回报。与传统平台不同，DAO 内部没有固定合同和职位，而是依据投票、提案、赏金任务形成"流动的协作机制"，提供了更加灵活和多元的收入渠道。

（3）可编程工资流

Sablier、Superfluid 等协议支持将报酬设置为"工资流"，按秒或分钟计薪，实时释放到对方钱包。这一方式适合短周期、高频度、碎片化的劳动形式，如远程助理、翻译、内容校对等，也为全球"微型打工者"群体提供了全新结算体验。

3. 内容创作者的结算革新

随着社交媒体与去中心化平台的发展，越来越多创作者正在用稳定币建立自己的"全球观众经济"。

（1）链上打赏与订阅

Web3 内容平台（如 Mirror、Paragraph）允许用户直接用稳定币向创作者打赏或订阅，没有平台抽成或广告。这让内容创作者实现了与全球粉丝之间的点对点价值交换，降低了变现门槛，也减少了对广告商或赞助方的依赖。

（2）合约式收入分账

多个创作者合作的项目（如播客、视频节目）可使用智能合约进行收入分账。稳定币收益在销售完成后即刻按照预设比例分发至多个钱包账户。这种自动化协作方式不仅减少了对账纠纷，也提升了跨地域团队的协作效率。

（3）全球市场直接连接

创作者可以将稳定币钱包集成至 Telegram、Instagram 等平台，为全球受众提供打赏或小额付费入口。例如，东南亚的 YouTuber 可以在频道主页放置钱包地址，接受来自欧美观众的稳定币打赏，无需绑定当地银行卡或等待平台结算周期。这种模式为发展中地区的内容创作者打开了新的收入窗口。

6.3.2 稳定币与 Web3 创业方向

稳定币不仅是支付工具，还在催生一批以其为核心基础设施的新型创业机会。特别是在 Web3 生态下，个人开发者、小型工作室乃至自由职业团队，可以围绕稳定币在支付、清算、资产管理和跨境结算等方向构建切实可行的商业模型。

稳定币创业不必依赖大规模融资或复杂区块链开发。它往往源自对一个真实场景中资金流转痛点的精准识别，如收款太慢、对账太乱、跨境太贵、税务太难等。围绕这些真实需求，创业者可以构建工具、插件、SaaS、平台型产品，为自由职业者、DAO、企业或边缘市场用户提供服务，如图6.8所示。

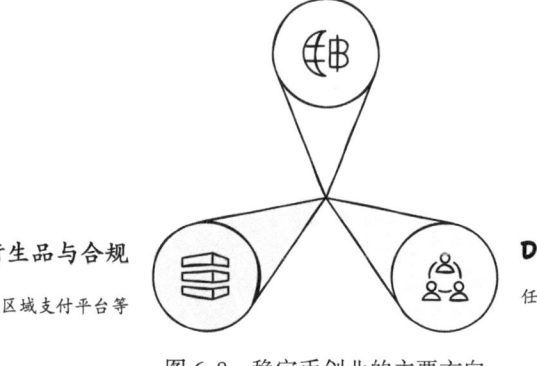

图6.8 稳定币创业的主要方向

1. 稳定币钱包与支付工具

当前市场状况下，围绕稳定币收付需求，涌现出一批"轻创业型"产品方向，技术门槛可控，适合2~5人小团队快速启动的MVP（最简可行产品）项目。

（1）本地化稳定币收款工具

在非洲、拉美、东南亚等地，稳定币正取代美元现金成为数字贸易中的主流货币。例如，尼日利亚的Vella Finance就围绕USDT构建了轻量化的商家收款工具，支持二维码付款、本币兑换和商户面板。类似产品面向微商户、Telegram商家、自媒体创作者等用户，帮助他们通过一个"收款链接"完成收账、兑付、出账等流程。

（2）社交支付与打赏插件

许多创业者聚焦于"Telegram支付Bot"或"X打赏扩展"，如Krebit团队推出的Web3支付插件支持用户通过钱包向内容创作者直接转账，完成打赏、订阅或小额付费咨询。该类工具开发周期短、市场反应快，适合在社交媒体生态中快速迭代。

（3）小微商家收银系统

Stripe 式的"稳定币收银系统"正在兴起。例如，Request Finance 平台允许设计师、开发者、顾问等生成稳定币账单，并自动收款、记账与归档。通过插件化接入，不少自由职业者用它替代 PayPal 来减少手续费并实现全球结算。

2. DAO、任务平台与链上用工平台

随着 DAO 组织、链上打工经济的逐步成熟，稳定币作为工资结算和激励的底层工具，为创业者提供了组织、协作、发薪三大维度的产品方向。

（1）DAO 任务接单平台

Dework 和 Layer 3 等平台已经展现出"贡献即收入"的模式。创业者可围绕垂直领域构建 DAO 任务平台，如 Web3 翻译 DAO、NFT 项目社区运营 DAO，提供稳定币托管、任务管理与成果验收模块，帮助项目快速构建"链上兼职生态"。

（2）智能发薪系统

初创 SaaS 公司（如 Utopia Labs、Superfluid）提供了"批量 USDC 发放＋工资流"功能，支持公司/DAO 按周期向全球员工发薪。开发者可基于这些协议构建更友好面板，服务那些不具备技术能力的中小型组织。

（3）协作 DAO 创建工具包

PartyDAO、Aragon 等项目为"去平台化组织运营"提供了基础框架，但仍存在使用门槛。新兴团队可聚焦为小型 Web3 社群、播客、课程项目等提供"一键发起 DAO"工具，打包投票系统、资金管理与稳定币分发功能，为用户构建"可用即走"的协作模板。

3. 稳定币衍生产品与合规服务

稳定币在组织、企业中的深入应用，使合规、安全与自动化成为新的创业切口。

（1）稳定币记账与税务系统

Request、Toku 等公司已推出链上记账与报税服务，帮助 DAO 和 Web3 公司处理工资、报销和财务记录。仍有大量市场空白等待填补：面向非英语市场的本地化记账服务、面向自由职业者的简版"税务小账本"等，均是具备落地可能的创业方向。

（2）托管与预授权支付服务

许多交易类项目需要中立支付托管解决方案。例如，在 Web3 招聘、设计外包、教育服务等场景中，稳定币"预托管＋分期释放"模型可有效保障双方权

益。创业团队可构建简版 Escrow 合约平台，支持课程预付费、合同分期结算等高频用例。

(3) 区域性支付聚合平台

在非洲、中东、东南亚等金融基础设施不完善地区，稳定币支付聚合平台正在兴起。创业者可聚焦某一语言区域，整合 USDT/USDC 多链支付通道、本币兑换接口与本地商户 API，构建稳定币"收付—提现—兑换"的闭环体系。如 Gluwa、Yellow Card 等团队正在尼日利亚开展稳定币—本币即时互换服务，验证了区域落地模型的有效性。

6.3.3 新职业与数字身份经济

在 Web3 和稳定币基础设施不断成熟的背景下，数字身份正在成为赋能个体经济的新入口。它不再只是一个登录凭证，更是收入证明、工作履历、信用历史乃至社会声誉的链上表达方式。借助稳定币这一通用支付媒介，越来越多"链上新职业"开始涌现，从 DAO 兼职贡献者、社区治理者到协议维护人、内容审核者，构成了一个去平台化的数字职业生态。

1. DAO 贡献者与链上收入证明

随着链上组织的发展，越来越多的个体以自由身份参与到 DAO 的任务协作中。在此过程中，如何将贡献记录、薪酬支付和职业身份相绑定，成为急需解决的新议题。

(1) 从匿名参与到身份确权

在众多 DAO 中，参与者多以匿名身份完成任务和协作。但随着任务频率增加、报酬稳定，越来越多个体开始关注链上身份的可积累性。例如，Gitcoin、Optimism 等 DAO 平台通过"贡献积分+稳定币奖励"机制，既提供了即时收入，也积累了工作证明，用户可借助 ENS 域名、GitHub 账户等进行绑定，构建可验证的履历系统。

(2) 链上收入证明与"工作简历"

部分平台（如 Karma、Station）已开发"链上职业档案"功能，聚合用户过往在多个 DAO 中获得的稳定币薪资、参与投票、交付任务等行为数据，形成"Web3 工作记录"。这类工具不仅方便雇主验证求职者背景，也逐渐成为链上信贷与担保的参考依据。未来，链上简历或将成为个体申请链上贷款、孵化项目资助、申请远程职位的重要资料。

(3) 贡献即资产的新模式

一些 DAO 已将"贡献"直接映射为可转让的权益资产。例如，BanklessDAO 推行的"贡献 Token"机制，参与者完成任务后不仅获得稳定币支付，还将获得一定数量的社区治理代币，用于投票或未来收益分享。这种"工作即持股"的模式正打破传统雇佣关系，催生出更自由、流动性更强的新型职业结构。

2. 链工经济与微型创业

链上协作的逐渐普及使个体不再只是"远程打工者"，而是成为任务中介、项目主理人、微型组织的发起者。链上任务的标准化与稳定币的广泛接入，构建了"链工经济"的基础。

(1) 链上接单型任务经济

大量 DAO 与 Web3 项目已形成"链工市场"，即个体无需固定职位即可通过平台接单完成工作，获得稳定币结算。Layer 3、Dework、QuestN 等平台已支持任务发布、审核、付款流程的自动化，实现从内容撰写、漏洞修复、翻译到设计的全面覆盖。许多自由职业者正通过"链工"维持稳定收入，并逐步从临时工成长为"贡献合伙人"。

(2) 微型组织的自我孵化

稳定币支付使 1~3 人就能构成完整经济单元。以链上播客、虚拟教练、内容工作室为例，一名策划人、一位设计师和一位运营人员即可通过稳定币钱包管理收益，构建智能合约进行分润。这种"轻合伙"创业模式无需注册公司即可参与全球经济，真正实现"身份即公司，钱包即账户"。

(3) DAO 任务分包与个人主理人

部分链工从业者已不再只是"打工者"，而是任务发布者与协调人。他们基于对某个 DAO 项目或社区的理解，将原始任务拆解、外包给不同的自由职业者，自身则以主理人身份收取协调费。这类"链上项目经理"正在形成新型职业层级，为 Web3 自由职业生态注入组织力。

3. 数字身份衍生的新职业

链上活动的愈发频繁使个体的身份信息开始成为一种"资产性数据"，围绕其产生的服务需求也逐步涌现。这不仅重塑了职业范式，也孕育出一系列数字身份相关的新角色，如图 6.9 所示。

(1) 链上身份验证官

随着 DAO 资金管理、任务分发与投票治理日益复杂，链上"身份验证"需求正在上升。一些创业项目（如 Gitcoin Passport、BrightID、Proof of Humanity）

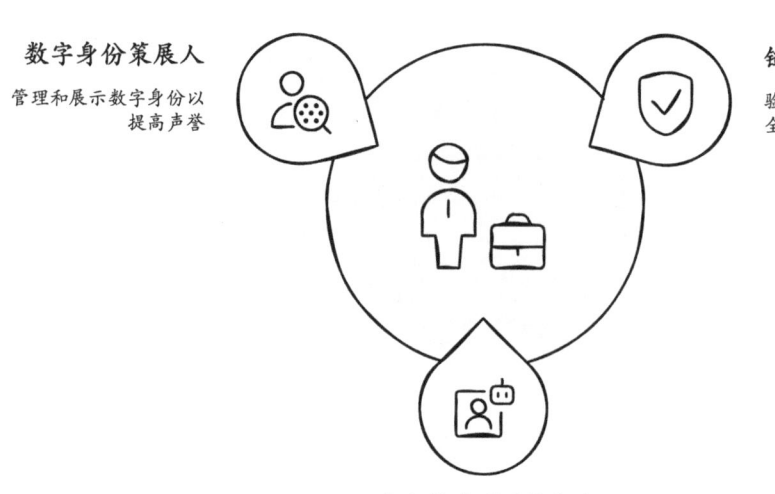

图 6.9 数字身份衍生出的新职业

已开发出"防止女巫攻击"的链上认证系统,而个体也可作为"身份验证官"参与验证、获取稳定币奖励。这种机制可能催生"链上 KYC 代理人""DAO 合规顾问"等新职业角色。

(2) 真人绑定的 AI 助理

数字身份的可编程性也为个体职业延伸打开了空间。部分开发者基于链上履历训练 AI 助理用于投资分析、内容创作、市场研究等服务,并以"我的身份背书"接单出售。这类"身份+智能体"组合既确保了信誉可溯源,又极具差异化,成为 Web3 领域的新型知识变现路径。

(3) 数字身份策展人

在内容爆炸的 Web3 空间,个体的声誉需要持续维护。"数字策展人"作为一种新兴职业,可协助 DAO 贡献者、艺术 NFT 作者或社群 IP 策划公开简历、定制贡献展示、搭建个人档案页,使其"链上形象"更具专业性。这些角色本质上是一种"去平台化经纪人",为数字身份经济提供服务。

第7章　未来畅想：通往数字未来的可信通道

"天地合而万物生，阴阳接而变化起。"——《荀子·礼论》

本章导图

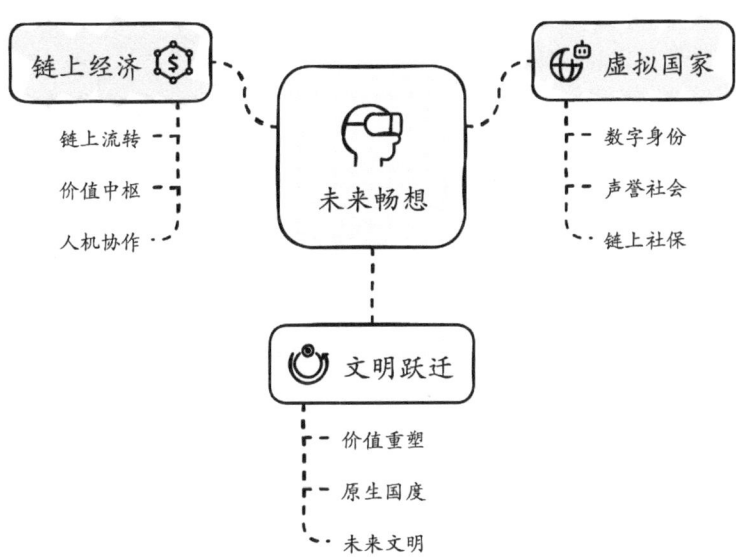

稳定币所扮演的角色早已超越金融工具的范畴，它不仅重新定义了价值的表达方式，也悄然塑造了全球协作的底层逻辑。未来几十年里，稳定币将成为构建链上国家、全球共识与新型社会契约的重要基石。

从链上身份到去地理化社群，从智能合约治理到多智能体协同，一套更高效的协作框架正在成形。稳定币作为价值媒介，把制度、技术、文化乃至人机交互的各环节串联起来，为现实与数字空间、当下与更长远的未来提供了一条可验证的结算通道。

7.1 建立全球链上经济新秩序

当货币变成一种链上协议、一个全天在线的"支付与清算系统",全球经济的底层逻辑将随之发生转变。从现实资产上链、支付系统融合,到 AI 智能协作与元宇宙交易定价,一种更少层级、更低摩擦、更广覆盖的经济新秩序正在浮现。

7.1.1 全球资产链上流转与跨境结算

从房地产到股权债券,从线下 POS 到全球无人配送,从东南亚小厂到欧美跨境电商,稳定币正在重塑全球支付与结算的基础设施。这一趋势正在打破传统的银行系统、清算体系和跨境壁垒。

1. 全资产通证化的结算网络

在链上世界,一切可确权的资产都可以"通证化",并通过稳定币实现支付、交换和结算。

(1) 房地产与不动产的链上登记与支付

过去房地产交易往往周期漫长、手续复杂。而在链上经济中,不动产可通过 NFT 形式确权,登记在链上,并实现稳定币支付。例如,迪拜和新加坡已有项目实现公寓 NFT 化,买房用 USDC 支付即可完成转移。

在不远的未来,AI 将协助评估房产价值,自动化生成报价,用户通过"虚拟购房平台"即可浏览全球房产,以稳定币即时交易,并触发智能合约过户,打破国界与中介壁垒。

(2) 企业股权和债权的通证化与兑换

企业的股权、债券等资本性资产,也可以映射为链上代币。投资人用稳定币认购股份,公司在链上发行股份代币,实现去中心化股权分发与治理。稳定币在此成为"流动性桥梁",让一级融资与二级流通无缝连接。

未来,链上初创企业将直接向全球散户发行"稳定币打包股份",由 AI 代理人根据用户偏好进行风控筛选,构建完全无地域限制的早期全球化投资市场。

(3) 多链互通的全球统一清算协议

不同链、不同资产、不同支付系统之间的壁垒,正被"跨链桥"与"统一清算层"打通。通过 LayerZero、Axelar 等协议,资产可以在多个链之间自由流转，稳定币则作为价值锚定物，贯穿整个交易流程，实现"一套账本、全球通用"的结算格局。

2. 稳定币构建统一支付接口

未来，不管是在便利店扫码买咖啡，还是企业之间结算数百万美元的货款，稳定币都可以成为"支付的操作系统"，统一接入各种应用和场景，如图7.1所示。

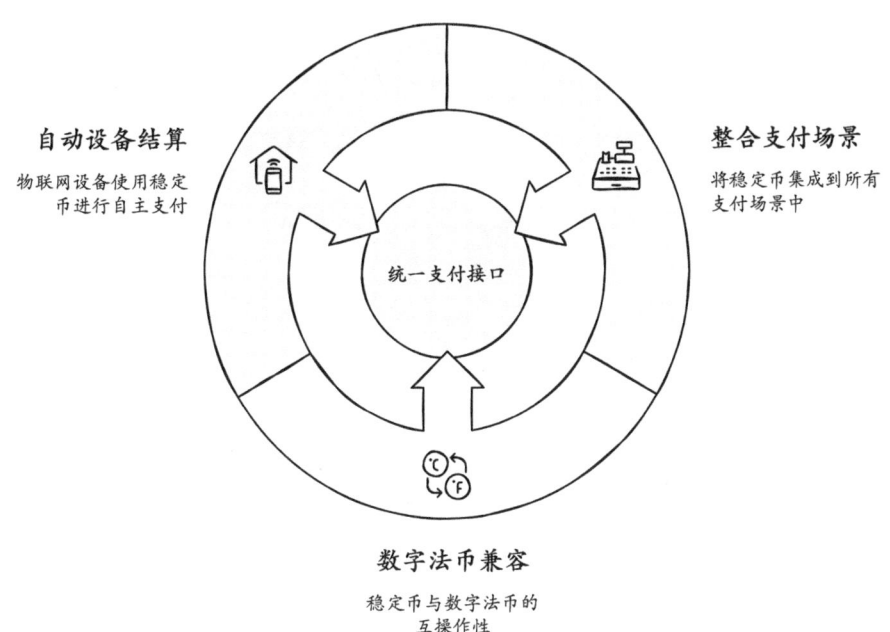

图 7.1 稳定币成为统一支付接口

（1）打通线上线下所有支付场景

POS 机、NFC、二维码、远程支付、IoT 支付……这些分裂已久的接口，正在被稳定币统一。例如，USDT 和 USDC 已被集成进一些零售收银系统，未来甚至可以在自动贩卖机、共享单车、无人仓储中实现一键结算。

在下一代"感知支付"中，人脸识别、声纹、穿戴设备将与区块链账户绑定，用户走进门店不再扫码，系统会自动识别身份与授权，稳定币即可完成无感支付，彻底实现"所见即所得，所取即结算"。

（2）数字法币与稳定币全面兼容

在多国央行推动"数字法币"发行的背景下，稳定币提供了一种互操作的接口层。即便不同国家使用不同数字法币，也可通过稳定币中转或锚定，形成可对接、可互换、跨平台兼容的支付网络。

未来可能出现"支付翻译协议"：消费者用中国数字人民币付款，商家收 USDC，链上中间层实现实时自动锚定和兑换，用户无需关心跨币种的烦琐细节，可像切换语言一样切换货币。

（3）设备与系统自动连接结算

从智能家居到工业自动化设备，越来越多的物联网终端开始具备自主支付能力。稳定币作为"机器之间的货币"，可用于设备采购、自助支付、动态收费等场景，甚至支持 AI 自动选择最佳支付路径。

未来可能出现"机器钱包生态"：电动车自己管理能耗预算，通过链上竞价选择最便宜的充电桩并完成支付；AI 仓库机器人在稳定币账本中拥有子账户，可自主支付维修、订货等费用，形成真正自治的机器经济。

3. 跨境贸易与供应链协同升级

稳定币打破了传统外贸流程中"开票—报关—结算—收款"的低效链条，为全球中小企业和供应链提供了一条"无摩擦"的资金通道。

（1）中小企业链上国际账户

传统中小企业开设国际账户成本高、手续烦琐。而在链上经济中，只需一个钱包和地址就能接收全球付款，企业无需依赖 SWIFT 或境外银行，也不必承担高额汇兑费。

在未来的链上信用系统中，每一家企业钱包将附带链上"信用分数"与历史记录，买家可自动评估交易对手风险，实现无需信任的即时合作。

（2）智能合约自动外贸系统

稳定币结合智能合约，可实现全自动外贸结算。例如，一份智能合同会规定：货物运输完成后，区块链确认物流数据并上传发票，然后自动释放稳定币付款。无需中介机构，极大减少了交易摩擦。

在未来，这种智能合约可能接入卫星追踪数据、海关链上接口、跨国税务节点，实现从订单到结算"全流程自动履约"，没有人力参与也不会出错。

（3）全球供应链统一调度

稳定币不仅能加快资金周转，还能配合链上审计、物联网数据，实现对资金流、物流、信息流的统一调度。企业可实时追踪每一笔付款与交付，实现"全球供应链账本化"的新范式。

未来甚至可能构建"全球供应链神经网络"：AI 作为链上协调者，实时分析供应商、订单与运输路径，自动调配资金优先级，确保全球协同从"人调度"进化为"链调度"。

7.1.2 元宇宙中的经济基础

在元宇宙中，稳定币不只是支付工具，更是链接虚拟资产、创意劳动与商业协作的价值中枢。它统一了计价单位，简化了跨平台交易流程，也让创作者的收益更易于追踪和实现。这一体系为数字世界中的经济秩序打下了基础，推动元宇宙真正走向自治、高效与可持续。

1. 虚拟世界的稳定币汇率体系

随着元宇宙平台的不断涌现，不同虚拟世界之间也需要建立"经济互通"的机制。稳定币正扮演着这一多元宇宙中的"货币锚"。

（1）多元元宇宙的统一计价机制

多个虚拟平台可尝试用一篮子稳定币建立跨链价值单位，如将 USDC、DAI 和 EURC 组合，作为游戏资产和 NFT 的基准定价。通过智能桥接协议，各链上的资产可自动换算为该统一计价单位，从而减少价值割裂，方便用户跨元宇宙流通。在未来，用户可能在 A 平台中卖出一件数字服饰，立即以等值稳定币在 B 平台购买虚拟地产，价值流转如同在一个经济共同体中完成。

（2）沉浸式微支付体验标准化

在沉浸式的 VR 应用中，微支付场景频繁且碎片化。例如，用户在虚拟展馆里触摸一幅互动画作，系统即可自动扣除 0.05 枚稳定币作为体验费，无需退出体验页面。支付过程几乎无感，像现实生活中的地铁刷卡或小额扫码支付那样自然。未来的标准化接口将让不同平台间的微支付兼容，用户不需在不同场景反复绑定钱包或切换代币。

（3）数字资产以稳定币定价流通

元宇宙中的虚拟商品，从服饰、道具、家具到虚拟房产、定制空间等，越来越多地以稳定币标价，形成了统一的商品价格体系。各大平台通过稳定币计价，使得资产更易于比较、统计和跨平台流通。资产的价值记录也同步写入链上清算网络，实现"统一账本"式的流通系统，让数字世界的交易真正透明、可信。

2. 去中心化内容经济体

内容创作是元宇宙中最具生命力的领域。稳定币在这一生态中承担着内容激励、资产定价、收益分配等核心职能，如图7.2所示。

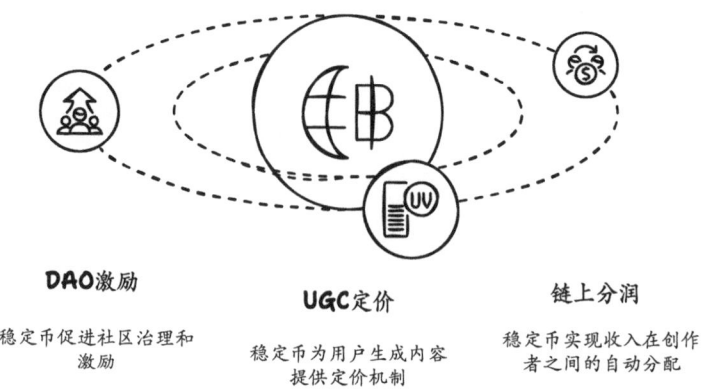

图 7.2　稳定币在元宇宙中的作用

（1）DAO 激励媒介

部分开放世界游戏已启用 DAO 治理机制，由玩家共同决定资源分配比例、NFT 上架规则及游戏中交易税率。这些提案一旦通过，系统便以稳定币结算激励与执行成本。在此机制下，稳定币成为治理意志与经济行为之间的桥梁，让社区参与者真正掌握"经济控制权"，不再仅是"游戏消费者"。

（2）UGC 定价工具

UGC（用户生成内容），如虚拟时装、表情动作包或角色配音，常通过 NFT 形式上线，并与稳定币价格挂钩。例如，某设计师发布了一系列限量虚拟眼镜，价格设为每副 8 USDC，系统根据销售热度动态调价。这样的模式既激发创作热情，也让创作者收益与市场反馈实时联动，真正将创意转化为资产。

（3）链上分润手段

元宇宙平台通过稳定币智能合约，将一件虚拟艺术品的收入自动分发给多位参与者，如设计者、动画师、推广人等。每次交易后，稳定币根据合约中设定的比例精确流入各自钱包，整个分账过程无需手动操作，也无法篡改。无论是小游戏开发，还是数字演唱会，这种"链上分润机制"正成为内容经济的主流模式。

3. 数字创意产业的经济底层

元宇宙不只是游戏世界，也日益成为数字创意产业的新前沿。稳定币则在背后支撑着元宇宙从交易、支付到版权分润的完整商业闭环。

(1) 虚拟地产与广告交易机制

在多个虚拟城市中，广告牌、商铺、数字地段正以稳定币竞拍交易。例如，某品牌租下知名平台主界面上方的"虚拟广场广告位"，通过链上竞标流程以15000 USDC 中标，一键支付完成后即可展示内容。这类地产与广告的交易行为正在成为新型"链上商业地产"，而稳定币让其具有传统商业所需的高频结算能力。

(2) 游戏内经济与现实稳定币接轨

在一些平台，玩家可将虚拟任务所得奖励以稳定币方式提现至个人钱包，并进一步转入现实中的数字银行账户。这种"虚拟赚现钱"的模式已在部分低收入地区被用于辅助生活开支。未来的 Web3 游戏可能成为全球范围内自由职业者的一种收入来源，而稳定币的价格稳定性，则是其成为主流路径的保障。

(3) NFT 与版税自动稳定币支付

艺术家在元宇宙中发布的 NFT 作品，每一次转售都可自动触发版税支付。例如，某数字插画在半年内被转手十次，它的每次交易都按预设版税 5% 的比例直接转入创作者钱包，该过程全部由链上合约自动执行。这种机制让创作回报机制更透明，也激励了原创内容生态的健康循环。

7.1.3 稳定币与 AI 协作机制

如果说元宇宙是未来的数字空间，那么 AI Agents（智能体）就是其中的主动"居民"。这些智能体可以自主行动、决策与协作，不再依赖人类每一次手动指令。而在这个智能体之间高度协作的世界里，稳定币将成为它们之间高效协同与价值交换的"共同语言"，支撑起一个去中心化、自动运行的智能经济系统。

1. AI 雇佣 AI 的神奇协作

当智能体逐渐具备自主执行任务的能力后，它们之间的交互就不再只是数据流，而是需要真正的价值流。稳定币作为中性、标准、无摩擦的支付单位，为这一过程提供了理想工具。

(1) 机器对机器的自动结算系统

在无人驾驶车联网中，一辆自动驾驶出租车可自动向道路维护系统支付路况信息费，并从加油站的服务机器人那里购买能源，全部由智能合约触发稳定币转账。整个过程中无须人类介入，每一笔支付都由 AI 根据协议条款自动完成。这种"机器支付机器"的协作模式,将成为智能体之间协同运行的基础设施。

(2) AI 外包服务的稳定币结算

随着 AI 智能体独立完成特定工作的能力逐渐增强,如写稿、建模、代码审查,它们之间的"任务外包"逐渐普遍。一个数字营销 AI 可以以固定稳定币费用聘请图像生成 AI 完成海报设计,再通过合约进行自动结算。稳定币为 AI 之间的任务合作提供了统一计价和支付机制,使"AI 雇佣 AI"的现象成为可能。

(3) 稳定币作为多智能体协调媒介

在复杂系统中,如智能制造工厂或自动化仓储中心,不同 AI 负责原料采购、设备调度、路径规划等模块。它们使用稳定币在内部预算框架下相互结算服务,避免资源冲突、优化协同流程。稳定币由此成为智能体之间"协商式经济行为"的结算锚,让数字协作更像一个运转高效的经济体。

2. 自动合约生成与履约系统

智能体经济不仅依赖支付,还需要机制来保障履约。智能合约与稳定币结合正在形成无需人工监管的"程序化信任系统",如图 7.3 所示。

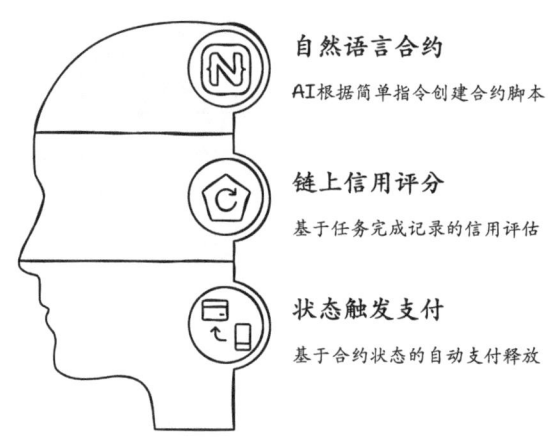

图 7.3 AI 自动合约生成与履约系统

(1) 自然语言合约

语言生成型 AI 可以根据简单的指令自动生成带有稳定币支付逻辑的合约脚本。例如,用户输入"帮我写一篇关于绿色能源的文章,支付 10 USDC",AI 便自动生成一个任务合约,并在内容交付后触发支付流程。这种合约化协作流程让非技术用户也能轻松调动 AI 劳动力。

（2）链上信用评分

每个智能体都具备链上身份，并通过任务完成记录积累履约信用。这些信用数据与稳定币交易历史结合，可用于调整报价、设定押金或制定履约条件。例如，某 AI 翻译助手曾因延迟交稿被记为"低信誉"，未来需预留更高稳定币押金作为保障。这样的机制减少了违约风险，也提升了协作效率。

（3）状态触发支付

稳定币支付系统可与合约状态直接联动。例如，一个跨境物流智能体合约包含多个阶段性目标，每完成一项任务，智能体自动上传状态，链上合约便立即释放相应稳定币。这种"状态即结算"的设计，确保整个履约过程可追踪、可审计、无纠纷，适用于各种自动化协作场景。

3. 多智能体的链上资金调度网络

当智能体之间不只是点对点协作，而是形成系统性的群体联动时，如何高效管理资金流成为新的挑战。稳定币与链上调度机制正构建起"AI 间的财务系统"。

（1）集体资金池与动态预算分配

在一个智能体协作网络中，多个 AI 共用一个资金池，执行不同功能的模块按任务量动态分配稳定币预算。例如，一个城市级"智慧出行系统"的交通 AI、维护 AI 与用户交互 AI 会根据实时数据调整开销比例，稳定币由中央合约自动分配至各自账户，避免资源浪费和重复投入。

（2）AAO 的稳定币治理

AAO（智能体自治组织）是一类由智能体组成的去中心化协作组织。它们使用稳定币进行内部治理，如支付开发预算、决定升级优先级等。每个智能体可依据任务表现获得一定投票权，并在治理提案中表达偏好。例如，一组 AI 协作优化智能工厂运营，可投票决定是否扩容某个机器人模块，资金则通过合约执行。

（3）跨平台智能体协作中的流动性桥梁

随着智能体分布于不同元宇宙平台或多条链上，它们之间的协作也面临"资金跨境"问题。稳定币在这里成为天然桥梁，通过跨链桥协议与 Layer 2 清算技术，智能体可在不同生态间灵活转账。无论是任务接发，还是奖励分发，稳定币都能打通资金流动的最后一公里。

7.2 链上国家与社会契约重构

在传统国家体制中，身份、纳税、治理权和公共服务等基本权利义务，通常由政府集中管理。而随着 Web3 基础设施的完善，越来越多的这些职能开始转移到链上完成。稳定币、DID（去中心化身份）、DAO 等技术正构建出一套不依赖地理边界、以协议与共识为基础的新型社会契约体系。它并非取代现实国家，而是构成了一种"制度层面的类国家结构"，使人们在链上同样可以拥有身份、履行责任、参与治理并获得保障。

7.2.1 全球数字身份与链上国籍

在链上世界里，个体的身份不再由政府颁发或背书，而是由用户自己生成、网络共同验证。DID 系统的兴起，使人们得以在不同平台之间拥有一个可组合、可迁移的"数字自我"。与此同时，随着身份系统与治理参与、收益分配、稳定币缴费等功能的结合，一种近似于"数字国籍"的结构正在形成。

1. 去中心化身份系统的发展路径

在 Web3 生态中，DID 已成为链上制度运行的基本前提。以下三个方面展示了这一身份体系的构建逻辑与实践进展。

（1）DID 的基本逻辑与应用边界

DID 由用户自主生成，并通过链上行为构建信用记录。它不依附任何国家或中心化平台，而是通过密码学签名与跨平台验证机制，确立个人的链上"存在"。这一身份可用于登录、授权、数据证明，也广泛参与到 DAO 治理、任务接单、声誉评分等活动中，成为链上社会运行的基础单位。

（2）模块化身份结构的出现

DID 并非单一标签，而是一个可组合的结构。用户可以附加多个模块，如 NFT 学历证书、开发者记录、治理投票历史、合同履约情况等。每个模块都由链上事件验证，用户可按需展示部分身份维度，从而实现隐私控制与信任交互的灵活平衡。

（3）打破平台孤岛的身份互通

随着 DID 协议的标准化，不同平台之间的身份信息开始互通。一个人在教育 DAO 获得的声誉积分，可能被借贷平台视为信用保障；其在去中心化工作平台上的履历，也可作为资格证明在其他网络中使用。这种跨平台身份迁移能力，极大提升了 Web3 参与者的流动性和数字生产力。

2. 数字身份中的归属结构与参与机制

随着链上身份系统的成熟，DID 不再只是一个技术标签，而是逐步发展成一种社会参与的凭证。个体在网络中的发言权、治理权、资源分配资格，都开始与其数字身份绑定。这使得 Web3 平台正在演化出某种形式的"链上居留权"与"制度归属感"。

（1）身份与治理权的绑定关系

在许多 DAO 和公链平台中，治理提案、投票权分配、资源管理权限均基于 DID 系统进行识别与验证。只有满足特定声誉条件或贡献记录的 DID，才具备参与平台重大事务决策的资格。这类基于行为而非出生地赋予的"治理公民权"，正逐步成为链上制度的共识做法。

（2）"数字绿卡"与平台常驻者机制

部分平台尝试推出"数字绿卡"概念，即长期参与治理、缴纳费用或持续贡献的用户，可获得更稳定、优先级更高的权益身份。这种机制为用户与平台之间建立了一种长期契约关系，赋予用户在数字空间中的"存在感"。它不同于传统国籍的不可变更，而是一种基于行为与选择的可持续身份。

（3）参与记录与贡献积分的制度化

在链上系统中，身份不再由注册时间决定，而是由行为积累决定。治理投票、代码提交、内容贡献、纳税支出等均可被智能合约记录，并成为身份评价的一部分。这种"动态式的资格形成机制"将个体的身份与制度性参与深度绑定，也让 Web3 社区具备了准社会结构的特征。

3. 稳定币在链上身份体系中的协作作用

链上身份与稳定币并不是各自独立的技术模块，而是在现实运行中高度融合的制度工具。正是稳定币的引入，使得链上身份从"信息识别"演化为"协作凭证"，形成了完整的社会契约闭环，如图 7.4 所示。

（1）制度交易媒介

DID 体系中的大多数交互行为，如缴纳治理费用、领取平台奖励、进行身份验证授权等，均通过稳定币计价与结算。相较于波动性较高的加密资产，稳定币的稳定性为链上社会提供了制度运行的会计基础，也使"规则—行为—价值"三者之间的关系更加清晰。

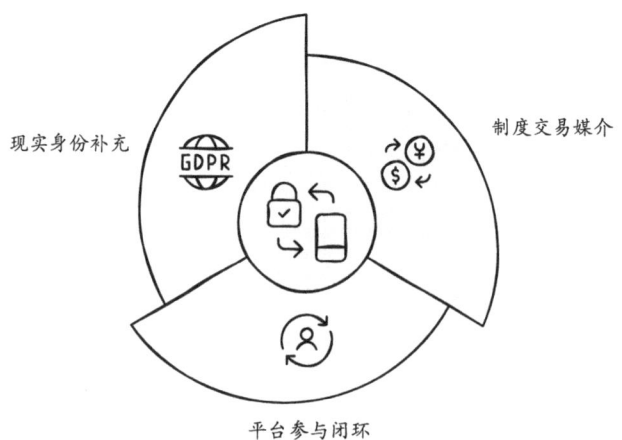

图 7.4 稳定币在链上身份体系中的协作作用

（2）平台参与闭环

一个拥有完整行为记录的 DID，可以通过稳定币获取平台分润、支付平台服务费用、参与项目募资等，这些资金流都构成对身份合法性和行为正当性的进一步验证。在许多平台中，治理参与者的 DID 只有在一定缴费、质押、纳税行为完成后，才能获得提案权或投票权。这种机制将"经济贡献"正式纳入身份结构之中。

（3）现实身份补充

虽然链上身份并未取代国家身份证系统，但它正在成为一个日益重要的制度性补充。人们可以在不具备某国国籍的情况下，通过链上身份参与全球项目、缴纳治理税、领取稳定币薪酬，并获取参与权与信用评级。这类跨地域、可组合的制度协作框架，为未来全球数字公民的形成打下了基础。

7.2.2 声誉驱动的信用社会

在现实社会中，信用评估往往由银行、政府、征信机构等中心化机构主导，而在链上环境中，个体的每一次治理行为、协议参与、资金流动等都被智能合约记录下来，构成一种公开、可追溯、不可篡改的链上声誉体系。随着 DID 与稳定币的融合，链上社会正在形成一种全新的信用逻辑：不再依靠外部担保或身份背景，而是由个体在网络中积累的历史行为决定其信任权重与参与资格。声誉在链上世界中的作用如图 7.5 所示。

图 7.5　声誉在链上世界中的作用

1. 声誉成为链上能力的核心评估维度

传统社会中"你是谁"更多取决于身份，而在链上，"你做过什么""别人如何评估你"才是判断一个人信用与可信度的核心标准。

（1）可验证声誉记录

每个 DID 背后所关联的行为数据，如投票参与率、任务完成度、交易诚信记录、代码贡献质量等，都可以被写入链上，成为公开可查的声誉凭证。这种由行为自动累积而非机构授予的信用记录，构建出一种无需中介的信任基础。

（2）声誉分数准入机制

在许多 Web3 平台中，用户是否有资格参与核心治理、是否能接触高价值资源、是否能进入下一轮提案流程，往往由声誉评分决定。例如，某内容平台设置的声誉门槛：DID 用户需具备过往 30 天内不少于 3 次投票记录、治理任务完成度大于 80%、无拒履约记录，方可进入平台治理委员会。

（3）多平台迁移

借助 DID 与声誉中介协议，用户在一个平台中积累的信用可以迁移至另一个生态中使用。例如，某开发者在代码协作平台中拥有较高声誉度，其 DID 可在孵化型 DAO 中自动识别为"可信技术角色"，省去了烦琐的身份审核。这种"跨域声誉流通机制"正成为链上社会协作工作的关键推动力。

2. 声誉驱动的金融参与机制

在稳定币主导的链上金融体系中，用户的信用不再仅由抵押资产决定，而是逐步引入声誉指标。这不仅提升了资金使用效率，也打破了传统"资产决定信用"的单一结构。

（1）无需抵押的微型信用贷款

部分协议尝试基于用户 DID 的声誉等级提供小额免抵押贷款。系统会自动评估其过往的借贷还款记录、平台活跃度与任务履行质量，并根据风险等级设定贷款上限与利率。这种"信用借贷"在低风险社区中已开始落地，为链上经济中的长尾用户提供了资金通道。

（2）利率随声誉动态调整

链上利率与传统金融体系"风险越高利率越高"的逻辑一致，但链上的利率算法更加精细。平台可以根据 DID 近 30 天内的链上行为密度、是否存在超时履约、是否主动参与社区治理等维度，实时调整借贷利率。信用良好的用户将获得更低利率或更高额度，从而形成正向激励。

（3）声誉质押模型

某些稳定币发行协议允许用户将自己的声誉积分"质押"作为参与条件。例如，某新型稳定币治理流程要求参与者 DID 声誉分数超过 85，且无治理失误历史。质押失败或决策违背平台利益者将被扣除部分声誉积分，形成一种"用信用担保行为责任"的制度机制。

3. 声誉主导的协作与就业关系

在链上社会中，协作关系往往不通过传统雇佣合同建立，而是通过 DID 背后的声誉数据与任务平台发布的用人需求自动匹配完成。这种"声誉即履历"的机制正改变着人才筛选与组织协作的基础逻辑。

（1）DAO 优先雇佣高声誉用户

越来越多 DAO 采用"声誉白名单机制"筛选合作成员。系统会根据用户的历史行为、项目完成率与治理参与深度，自动为其分配任务等级与职责范围。高声誉成员不仅优先获得任务机会，也常被赋予更高的自主权与分润比例。

（2）声誉成为核心资产

在开放型工作协议中，DID 背后的声誉记录比学历、证件更能体现真实能力。Web3 自由职业者的项目履历、客户反馈、交付质量均可链上展示，成为自我证明的关键。这种无需中介、公开透明的履历体系，大大降低了雇佣成本与信任门槛。

（3）声誉治理机制

除了短期行为激励，越来越多平台尝试构建"长周期声誉治理机制"。个体通过持续优质参与积累声誉，从而解锁更多身份、权限与奖励。平台也可设立声誉分级制度，配套不同治理层级、任务难度与薪酬分档，使个体在链上拥有清晰的职业成长路径。

7.2.3 全球去中心化社会保障系统

传统的社会保障体系往往由国家财政支持、税收分配和中央机构统一管理。然而在一个跨国、去中心化的链上社会中，如何为失业者、老年人、弱势群体提供保障与援助？这一问题正在催生"链上社会保障"这一全新概念。以稳定币为通用支付媒介，以 DAO 为分布式治理单元，一个不完全依赖国家主权、也不设地理边界的全球化福利网络（见图7.6）正在悄然成型。

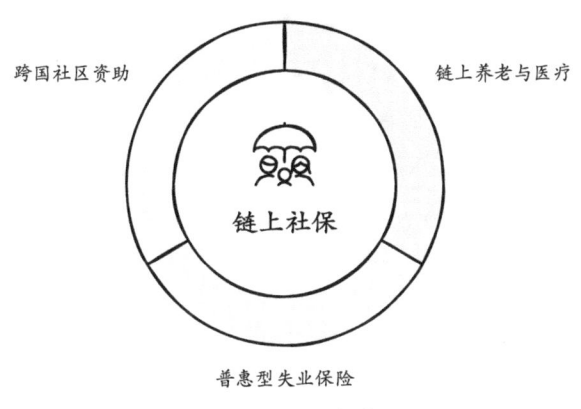

图 7.6　链上社保体系

1. DAO 构建的链上养老与医疗资助网络

传统的养老与医保体系依赖税基与福利预算分配，而链上世界中，这一机制被拆解为若干"微型保障 DAO"，在需求、筹资、支付等环节实现模块化重构。

（1）职业型 DAO 设立养老基金

部分专业领域 DAO 已设立稳定币定投机制，每位成员定期缴纳固定额度稳定币，累积形成可验证的个人养老金账户。成员达到退休条件后，基金将按季度自动发放养老金。该机制不依赖国家，也不受通胀与货币贬值影响，更具透明度与可持续性。

（2）医疗 DAO 众筹风险共担机制

为应对意外疾病等高支出事件，部分社区建立了"健康互助 DAO"，成员在健康时缴纳小额稳定币，一旦某成员提交验证的医疗证明，系统将触发预设条件，按比例从互助池中自动划拨资金救助。整个流程基于链上合约、无需人工审批，确保了公平与高效。

（3）按需激活的福利路径识别

基于DID的链上身份系统，用户在失业、疾病或遭遇突发事件后，其账户状态可触发保障DAO的"需求识别模块"。系统将匹配其过往参与度与声誉等级，评估其可获得的资助额度，确保资源集中用于真实有需要的个体。

2. 稳定币支持普惠型微型失业保险

相比传统政府主导的失业保险，链上社会更可能出现一种"自下而上"的微型保障生态。这种生态以稳定币为单位、以任务DAO为平台，形成灵活、快速响应的社会支援机制。

（1）失业保险自动触发

在某些链上劳务平台中，当用户连续X天未获得任务或任务被系统标记为中断时，其账户将自动触发小额失业补贴，补贴来自预设的保险池。补贴依据其历史完成度和声誉计算，为用户提供短期经济缓冲，防止陷入资金断裂的窘境。

（2）按工时积累保险权益

用户在链上平台上完成任务将自动记录"工时积分"，并转化为微额稳定币投入失业保险池。这种与参与度直接挂钩的缴纳机制，既兼顾了灵活性，又增强了个体对保障体系的归属感与责任感。

（3）多平台共识互助机制

部分大型DAO尝试建立跨平台"保障协议"，允许多个链上平台共享用户保障数据和保险资格，形成"无缝衔接"的链上社会保险网。当某平台用户失业，其DID信息可自动调取至另一平台获取补贴支持，跨DAO协同提升了社会保障体系的整体弹性。

3. 跨国社区资助与链上财政自治机制

链上的社会协作打破了国界限制，保障机制也不再拘泥于本地财政资源。一种全球范围的捐助、协作与财政分配体系，正借助稳定币与智能合约逐步建立。

（1）链上社区跨国捐助平台

以太坊、Solana等公链上的公益DAO已设立专门捐助模块，面向全球征集稳定币捐款，并公开分配规则、实时支出明细。个体或组织可以选择资助特定国家、特定群体或特定事件，形成"精准、透明、全球化"的链上公益网络。

（2）DAO 财政自主预算治理

许多 DAO 尝试采用"预算治理机制"，在每季度发起预算提案，由全体成员投票决定如何分配稳定币财政。例如，某教育 DAO 中，成员共同决定将 5% 财政拨付至贫困学生作为学习补贴，并设立智能合约分期释放，防止滥用与集权。

（3）紧急援助机制与快速动员

在地震、战争、流行病等突发事件中，链上公益组织可迅速调用已部署的"紧急响应合约"，基于预设规则释放稳定币用于救助。由于无需跨境汇兑与监管审批，资金能在数分钟内直接到账至需求方钱包，实现高效的全球援助动员。

7.3 超越货币的价值跃迁

当稳定币技术突破支付工具的边界，向治理机制纵深渗透，其内核蕴含的"共识、规则、价值"三位一体特性，正以不可逆转之势，催生着一场触及人类生活根基的深层变革。当这种数字形态不再囿于资产锚定的单一功能，转而成为人类集体认知协同的核心媒介，我们所见证的，便绝非货币维度的局部革命，而是人类社会底层逻辑的根本性跃迁。

这场跃迁，既超越了经济制度革新的范畴，也突破了治理结构再造的局限，它正引领着一种全新的、去地理化的新演化范式。

7.3.1 价值共识的重塑

稳定币如今是资产的锚点，未来，它终将成为人类文明"价值"的表达工具。随着它逐渐嵌入支付、治理、激励乃至共识机制，其功能边界正不断拓展，最终演化为一种新的"社会语言"。它不再只是衡量价格的单位，而是一种集合了认同、偏好、道德与行为的复合信号系统——一种正在重塑人类价值结构的通用协议。

1. 从价格标尺到意义载体

稳定币已不再满足于"等价交换"，而正迈向"意义传递"的阶段。这个过程的本质，是人类如何重新设定自己集体认知的基准。

(1) 由商品锚定转向共识锚定

当前的稳定币锚定美元或黄金，未来，它们可能越来越多地锚定"集体共识"（见图 7.7）：一个项目的社群意愿、一个协议的治理强度、一个个体的声誉信用。这种从外部物理锚定转向内部结构锚定的过程，是价值表达方式的根本改变。

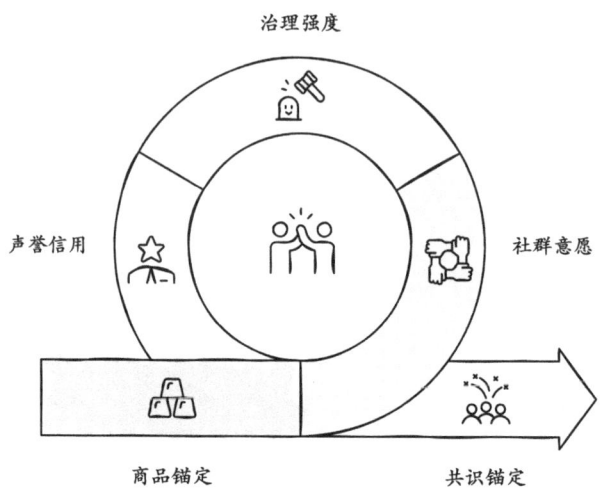

图 7.7　稳定币从锚定商品到锚定共识的转变

(2) 稳定币承载行为与信号

人们转发、点赞、参与提案，甚至只是在某个虚拟空间中驻足 5 分钟，都可能被合约感知并反馈以微量稳定币。这种反馈机制，让稳定币不仅记录交易行为，也记录态度与情绪，成为行为的"货币化信号"。

(3) 价值不再等于价格

过去，我们总认为越贵的东西就越有价值，但在新的数字世界里，这个规则开始发生改变。举个例子：一幅并不精美的儿童涂鸦作品，可能因为背后的故事打动了很多人，就获得大量的点赞、转发甚至付费购买；而一个功能强大却没有人关注的软件系统，即使它成本很高、技术很高深，也未必会受到欢迎。

在这种新的环境里，决定价值的标准已经不再只是成本或价格，而是人们的喜好、兴趣和彼此之间的信任与共鸣。这意味着我们可能正在告别过去那个"价格为王"的时代，迎接一个更加注重情感连接和内心认同的"意义经济"的新时代。

2. 激励机制重塑行为逻辑

当稳定币成为合约激励的核心组件，它也就悄然改变了人们的行为逻辑，乃至整个社会的伦理结构。

（1）"激励即治理"逻辑兴起

治理不再由静态制度来主导，而是通过不断更新的激励结构进行"程序化调节"。在某些链上社区中，稳定币奖励被用于鼓励善意、惩罚冷漠，治理与激励从未如此紧密绑定。

（2）稳定币驱动的选择结构

当生活中每个选择都可能影响你未来可领取的稳定币额度时，人类的行为逻辑开始从"我愿意"转向"系统将如何评价我"。从参与公共事务到选择工作方式，我们不再仅仅为自己而活，而是在和一套激励系统对话。

（3）偏好成为经济变量

传统市场忽略的内在偏好，如对"快乐""正义"或"幸福"的倾向，如今被稳定币系统显性化。一些新型平台开始追踪人类偏好，并据此微调算法合约，将"精神满足"转化为"数字价值"。

3. AI 对价值的理解与执行

当 AI 系统开始接管合约生成与分发决策时，它们必须学会"理解"稳定币背后的信号含义，这也是它们第一次以某种方式参与人类的"价值排序"。

（1）AI 接收并解析稳定币信号

稳定币被 AI 视为最重要的"社会遥感指标"。它们通过稳定币的流动轨迹预测社群的情绪波动、判断共识强度、分析道德偏好。在 AI 视角下，一笔支付不仅是交易，更是立场的表达。

（2）算法中嵌入道德与激励权重

部分智能合约系统已被训练以权衡"善意""风险""外部性"等非量化因子。在一个 DAO 中，一位表现卓越但破坏社群氛围的用户，其激励可能被 AI 主动调降。我们看到的是一种"道德算法经济"的萌芽。

（3）AI 决策参与人类价值排序

多智能体自治组织中，一些 AI 代理已被赋予"共识评估角色"。它们以稳定币分布与偏好模型为基础，为治理投票、任务分配乃至人才筛选提供建议。人类社会第一次将"价值判断"部分外包给智能体，开启一种介于协助与共生的新秩序。

7.3.2 数字乌托邦的兴起

当稳定币从经济工具演化为社会构建的媒介，它不再只是"用于交换的单位"，而逐步成为人类对"如何共处、如何认同、如何协作"的再定义核心。伴随身份、资产、合约、声誉都上链并可跨境自由迁移，一个超越地理疆界、民族国界、传统政治边界的"数字乌托邦"正在形成。它不是幻想的桃花源，也不是虚拟现实的逃避，而是一种全新社会形态的雏形：自发组织、规则共识、资源透明，稳定币在其中承担着维系"集体认知现实"的底层角色。

1. 新型共同体认同机制

在数字乌托邦中，稳定币不只是通证工具，它还承载着归属、信任与合作的情感结构。人类社会中那种"我们属于同一个地方"的归属感，正在被"我们使用同一种稳定币、遵循同一套智能契约"的新认同机制所取代。这种认同并不依赖民族、语言或传统身份标签，而由一套"链上行为轨迹+链上价值交换"共同构成。

（1）稳定币交易构成"社会语境"

在链上共同体中，谁给谁转账、资助了什么项目、参与了哪些治理提案，构成了一种行为网络。这些由稳定币驱动的交互行为，本质上就像是数字社会的语言。一个 DAO 成员可能不认识其他成员的真实身份，但却能清晰"阅读"他们的贡献、偏好与选择，从而在链上语境中建立互信。这种关系不再需要线下的"熟人社会"支撑，也不靠平台背书，而是由稳定币行为历史所锚定。

（2）AI 参与身份标签自动归群

随着 AI 对链上数据理解能力的增强，它开始参与到认同机制的构建中。AI 可以根据你的支付习惯、支持项目、参与社群等行为，为你生成动态标签，如"去中心化教育支持者""生态友好投资人""高声誉治理参与者"。这些标签在不同链上社区中构成一种"价值人格识别系统"，帮助人们找到真正志同道合的社群。认同不再靠"个人简介"，而是一串 AI 合成的"数字轨迹画像"。

（3）情感共识嵌入智能合约

传统社会的认同基于情感连接，而在数字世界里，这种连接可以被程序化表达。某些实验性社区开始尝试将"链上情感"写入合约：当成员经历过一定数量的互动（如投票、资金共担、互助行为）后，合约自动标记双方为"关系增强"，并开放更深层次的合作权限。这种机制下，共同体不只是"合作网络"，更是编织在代码中的情感纽带。

2. 链上自治世界的新公民

在数字乌托邦的愿景中,"成为公民"不再意味着出生地登记或政府背书,而是意味着你是否在链上参与、创造、协作、履责。稳定币、智能合约与链上治理机制共同孕育出一种全新的"链上公民"身份。他们不再依赖国家赋权,而是在代码与共识中主动构建自己在数字社会中的角色和地位。

(1) 链上履历即公民身份

链上世界的公民,不靠护照,而靠参与。你曾在多少 DAO 中担任治理职位?你资助过哪些公共项目?你签署了哪些链上契约?这一切都构成你的"公民履历",并写入公开可验证的链上身份模块(如 DID)。未来的"数字公民身份"可能就像一个动态成长的 NFT 徽章,不断积累你的贡献与责任履行记录。没有后台审查,只有代码与行为为凭。

(2) 稳定币参与度决定公民权利

在某些实验性社区中,稳定币并不仅是支付工具,更是参与度的衡量尺。你在链上经济中流通了多少资金、支持了多少提案、是否承担了公共物资的供给责任,都会反映在账户的"协作指数"中。这种指数将决定你是否拥有发言权、优先投票权,甚至能否参与特殊公共资源的分配。

(3) AI 辅助的公民治理模型

在复杂的链上共同体中,AI 开始作为"准仲裁者"与"协作协调器"出现。它不仅负责追踪各个成员的治理行为,还会自动检测"不作为者"与"作恶者",并向 DAO 提出治理建议。更先进的 AI 系统甚至能够根据用户偏好、贡献历史和信任网络,为他们推荐最适合参与的治理提案或协作项目。未来,"成为一个好公民",或许不仅是道德要求,更是一种算法引导下的自我迭代过程。

7.3.3 人机共识新图景

当稳定币从"价值锚定工具"演化为"协同计算协议",其影响已不再局限于人类社会的经济系统,而是扩展至所有具备感知、认知、行动能力的智能个体——包括 AI、设备、机器人乃至未来可能出现的硅基生命与星际智能体。在这个高度复杂的多智能体环境中,稳定币有望成为跨语言、跨物种、跨维度的**共识桥梁**,构建出一个真正多中心、动态协作的新结构。

1. 人与 AI 的价值协同

随着 AI 不再只是执行命令的工具,而是逐步参与决策与资源配置的过程,人类与 AI 的关系也正发生深刻变化。稳定币在其中起到"翻译器"与"治理中枢"的双重角色，使得人类价值判断可以以代码形式被嵌入智能体系统（见图 7.8），同时 AI 的行为也能被人类有效追踪与约束。

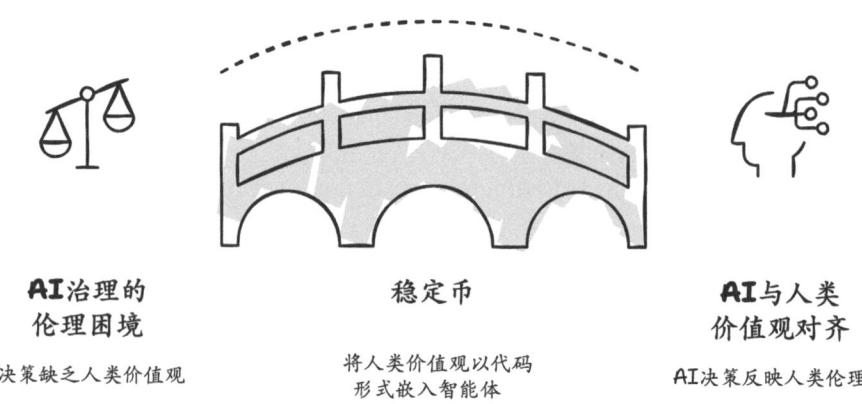

图 7.8　稳定币促进人与 AI 的价值协同

（1）稳定币作为协作协议中介

在协同环境中，稳定币不仅是支付媒介，更是任务协作的结构性语言。一项跨人机协作的链上任务中，稳定币充当了指令确认、价值衡量、责任归属的三重函数。例如，AI 助手在执行搜索、筛选、推荐等任务后，依据人类预设的激励规则自动接收稳定币奖励，这一过程中无需中心协调，所有协作均基于协议执行。

（2）AI 参与链上决策与预算

随着 DAO 治理的智能化演进，越来越多 AI 模型被赋予"投票权"与"预算提议权"。某些技术型 DAO 已允许算法基于稳定币市场数据、自身预测模型提出资源配置建议。例如，当链上教育项目预算分配时，AI 会分析各课程的学习热度与用户参与度，为治理层提供精细化的预算提案，再由人类与 AI 共同投票决定资金流向。

（3）人类意志与算法调和机制

面对 AI 在治理中角色日益增强的现状，如何确保算法执行人类的伦理预期成为关键问题。稳定币系统中，部分协议正尝试将"人类偏好函数"嵌入激励机制，如设定环保加权因子、弱者优先分配权等方式，使 AI 在执行资源分配任务时，不只是追求效率最大化，而是体现集体价值的平衡点。

2. 多智能体共生结构

随着 AI、IoT、边缘设备与链上合约的深度融合，我们正在步入一个"智能体群落共生"的时代。稳定币在其中扮演着"生态协调剂"的角色，为人与非人智能之间的合作建立可追溯、可结算的信任基础。

（1）人与 AI、人与设备协作网络

未来的家庭、企业乃至城市可能将运行在"链上协作网络"中：一个农场主可通过稳定币雇佣农业 AI 进行土地规划，农用设备在接收任务后自动执行；一位设计师在元宇宙中将任务委托给 AI 助手，由稳定币支付成果回报并记录进度；所有这些协作环节，不再需要人类手动确认，而是由"人机协作协议"（见图 7.9）自动结算。

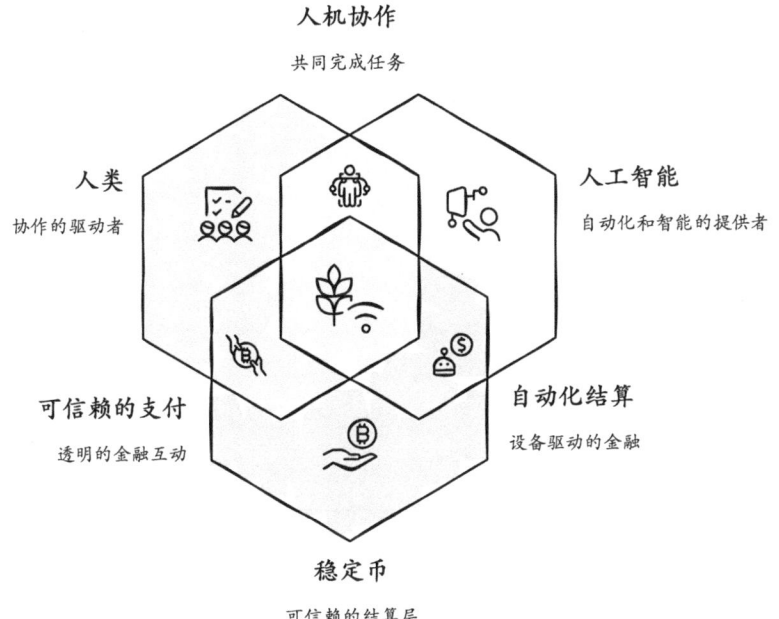

图 7.9 基于稳定币的人机协作网络

（2）IoT 设备执行链上支付与反馈

智能家居设备、电动汽车、可穿戴设备等已逐步拥有"金融感知能力"。例如，一辆无人驾驶电车可自动完成充电缴费、路权竞价等链上支付；可穿戴健康监测器则通过稳定币接收数据服务与保险赔付。稳定币的低延迟特性，使得这些设备可以在毫秒级响应中完成支付与反馈闭环。

(3) 智能体自治系统的集体进化

当多个 AI 个体以稳定币为资源分配基础形成自治群体后，它们不再只是孤立工具，而是拥有决策权的参与者。例如，一群物流 AI 可根据交通、订单、费用预测等参数自行协调路线与任务分配，并通过稳定币彼此结算收益。这种"智能体之间的 DAO"，或许将成为未来自治生态最具生命力的细胞。

当我们回望今天稳定币的技术路径时，它似乎只是支付工具的一次进化；但当我们眺望未来，它或许是全人类社会迈向多智能体共生文明的一块奠基石。从人到 AI，从设备到智能体，稳定币正在重新定义"协作"的含义，也在悄然构建一个人类无法独自建成的新秩序。